CE-PRAXISHILFEN

herausgegeben
von der Koordinierungsgruppe der Charismatischen
Erneuerung in der Katholischen Kirche

Band 3

Norbert Baumert

Endzeitfieber?

Heutige Prophetien und biblische Texte
im ökumenischen Dialog

Vier-Türme-Verlag Münsterschwarzach

Norbert Baumert

Endzeitfieber?

Vier-Türme-Verlag Münsterschwarzach

Herausgegeben von der Koordinierungsgruppe des Rates der Charismatischen Erneuerung in der katholischen Kirche in Deutschland

Die Deutsche Bibliothek – CIP-Einheitsaufnahme

Baumert, Norbert:
Endzeitfieber? Heutige Prophetien und biblische Texte im ökumenischen Dialog / Norbert Baumert. – 1. Aufl. – Münsterschwarzach : Vier-Türme-Verl., 1997

(CE-Praxishilfen ; Bd. 3)
ISBN 3-87868-587-4

1. Auflage 1997
Gesamtherstellung: Vier-Türme-Verlag, 97359 Münsterschwarzach Abtei
© by Vier-Türme-Verlag, Münsterschwarzach
ISSN 0944-1182
ISBN 3-87868-587-4

Inhaltsverzeichnis

Vorwort 7

ZUM EINSTIEG 9
Zukunftserwartung
- alltägliche Beobachtungen   von Heinz Schreckenberg

A   EINE THEOLOGISCHE ORIENTIERUNG 13
1. „Endzeitfieber" oder Sehnsucht nach dem Herrn? 13
1.1 Drängende Erwartung? 13
1.2 Die Frage nach dem „Zeitpunkt" in der Lehre der Kirche 15
1.3 Biblische Begründungen 19
1.4 Praktische Konsequenzen 24

B   AKTUELLES: „DIE PROPHETEN KOMMEN"? 27
2. Die sogenannte „Prophetenbewegung" 27
    - Bericht und Stellungnahme   von Hans Gasper
2.1 Ziel der Darstellung 27
2.2 Kansas City Fellowship 31
2.3 Kansas City Fellowship und Ernest Gruen 33
2.4 Kansas City Fellowship und John Wimber 37
2.5 Von London bis Nürnberg
    und die deutschen Gesprächspartner 43
2.6 Schlußüberlegungen und weitere Entwicklungen 46

3. Inhaltliche Dokumentation des Dialogs 51
3.1 Der Vorgang der Gespräche 52
3.2 „Siegreiche Kirche der Endzeit"? 58
3.3 Zu einigen „Schriftbeweisen" 65
3.4 Prüfung der Prophetien 75

C   LEHRE: LEBEN UNTER GOTTES FÜHRUNG 87
4. Leben aus dem Wort der Schrift 87
4.1 Die Schrift und der Heilige Geist 87
4.2 Unterschiedliche Bedeutungen von Schriftworten 91

4.3 Bestätigung im Leben 95
4.4 Ein Text der Bibelkommission zu „Fundamentalismus" 98

5. **Umgang mit prophetischen Worten heute** 102
5.1 Einen Raum schaffen,
    in dem Prophetie sich entfalten kann 103
5.2 Einen Raum schaffen,
    in dem Prophetie überprüft werden kann 104
5.3 Einen Raum schaffen,
    in dem Prophetien eingeordnet werden können 109
5.4 „Wenn einem anderen Offenbarung geschenkt wird...". 112
5.5 Ein Text aus der Zwölfapostellehre (Did 11,3–12,5) ... 120

D AUSLEGUNGEN BIBLISCHER TEXTE 123
6. **Endzeiterwartung bei Jesus und Paulus** 123
6.1 Die Evangelien 124
6.2 Paulus 126
6.3 Der Kern der Botschaft 129

7. **Maranatha – Gegenwart und Ankunft des Herrn** 132
7.1 „Unser Herr ist da" 133
7.2 „Unser Herr, komm!" 138
7.3 Ad-vent 139

8. **Die Offenbarung des Johannnes -**
   ein Ruf zur Entscheidung 142
8.1 Die Apokalypse im Ganzen des Neuen Testaments 143
8.2 Aufbau der Offenbarung des Johannes 145
8.3 Geschichte, Mythos, Psychodrama
    oder kerygmatische Zyklen? 151
8.4 Das Gottesbild der Offenbarung des Johannes 160

EIN NEUER HIMMEL UND EINE NEUE ERDE
Offb 20,11-22,15 167

Literaturhinweise 173

Vorwort

Ob in säkularen oder christlichen Kreisen, nicht wenige leben heute in der Erwartung des nahen Weltuntergangs. Die einen berufen sich auf „Visionen und Prophezeiungen", andere auf bestimmte Auslegungen biblischer Texte oder heutiger „Prophetien", wieder andere schließen es aus weltpolitischen, ökologischen oder kosmischen Entwicklungen, die nach ihrer Meinung auf eine baldige Katastrophe zulaufen. Lebensgefühl und Glaubenspraxis werden dadurch empfindlich verändert oder auch gestört.

Eine verantwortliche Stellungnahme ist besonders wichtig, wenn solche Ansichten von Menschen vorgetragen werden, die ein bewußtes Glaubensleben führen. So haben wir sowohl innerhalb der katholischen Charismatischen Erneuerung als auch mit freikirchlichen Gruppen Gespräche geführt, die den Anstoß zu diesem Buch gaben. Beispiele aus solchen Gesprächen sowie grundsätzliche Überlegungen zum Umgang mit Schrifttexten und Prophetien nebst einigen Auslegungen entsprechender biblischer Texte sollen dem Leser zur eigenen Klärung helfen und zugleich eine Hilfe für die Verkündigung oder ähnliche Gespräche bieten.

Gewissermaßen am Ende der Entwicklung stand der Text des Theologischen Ausschusses vom November 1996, der hier nun das 1. Kapitel bildet. Er gibt eine komprimierte Antwort, die durch die weiteren Beiträge erläutert und entfaltet wird. Alles führt letztlich zu der Frage nach unserem Gottesbild. So könnte dieses Buch in vielfacher Hinsicht eine „Hilfe für die Praxis" werden.

Norbert Baumert SJ

Zum Einstieg

Zukunftserwartung – alltägliche Beobachtungen
von Heinz Schreckenberg

Für die Menschen des Mittelalters bis zum Beginn dieses Jahrhunderts waren Gedanken und Vorstellungen vom „Weltuntergang", von Endzeit und Jüngstem Gericht dauernd gegenwärtig. Die Hauptportale der Kirchen und Kathedralen – seit der Spätromanik, vor allem in der Hochgotik – waren mit Bildern des Jüngsten Gerichts gestaltet: Christus der Weltenrichter, die Böcke und Schafe zu seiner Linken und Rechten, der Gerichtsengel mit der Waage. Großartige Kunst, aber zugleich eine dauernde Schreckensvision, Angst verbreitend. In der Barockzeit und später wurden solche Bilder und Szenen in Gemälden im Innern der Kirche dargestellt. Dazu gab es in diesen Jahrhunderten die entsprechenden Predigten, fromme Bücher und Hauspostillen bis in die Volkspredigten unseres Jahrhunderts mit der Beschwörung des furchtbaren Endgerichtes: „Wehe Euch!" (Hebr 10,26-31) oder: „... Es ist furchtbar, in die Hände des lebendigen Gottes zu fallen."

Die Überzeugungen von der Wirklichkeit der Hölle und des Fegefeuers, wie auf unendlich vielen Bildern gemalt, und die dauernden Toten-Messen für die armen Seelen trugen mit dazu bei, daß durch Jahrhunderte diese Glaubensinhalte sehr im Vordergrund standen und eine kollektive Überzeugung waren.

Das ist heute total anders. Es gibt zwar noch Kreise älterer Menschen, die mit dieser bisherigen Welt vertraut sind und noch ähnliche Gedanken haben. Es gibt die strengen und frommen Minderheiten in entsprechenden freikirchlichen und vor allem Sektengemeinschaften, die mit prophetischer

Autorität diese Glaubensvorstellungen weiter propagieren und durch Angst und Drohung die Menschen an sich binden wollen. Und es gibt die Menschen, die vor allem nach persönlichen Schicksalsschlägen nach solchen Sicherheit und Rettung versprechenden Botschaften Ausschau halten und sich ihren Verkündern anschließen. Oft sind die in großen Mengen verbreiteten volksmissionarischen Schriften und Verteilblätter die Informationsgrundlage für die zukünftigen Angehörigen dieser Sekten. Katholische fromme und zum Teil auch charismatisch geprägte Kreise werden zusätzlich oder spezifisch durch marianisch geprägte Prophetien, immer neue Auskünfte über Fatima und andere Marienerscheinungen zu solchen eschatologischen Übertreibungen verführt: Wenn wir genügend beten, Maria anflehen und uns bekehren, wird es bald eine große Bekehrung oder Erweckung geben. In diesen christlichen und vor allem katholischen Kreisen sind ältere und dauernd neu erscheinende Bücher entsprechender „geistbegabter Propheten" oder Visionäre sehr begehrt. Es klingt anschaulich und handfest. Sie scheinen recht genau zu wissen, was geschehen wird und daß bald das Ende kommt.

Aber die große Mehrzahl der Menschen hat kein Endzeitfieber, und je jünger, um so weniger haben sie überhaupt noch irgendein Wissen von dieser Kultur, Kunst und solchen religiösen Vorstellungen. Es gibt Angst vor der Zukunft in ökologischer und wirtschaftlicher Hinsicht, und es gibt ebenfalls kollektiv die Angst und Unsicherheit vor Krieg, vor dem persönlichen Tod durch plötzliche Unglücksfälle oder durch die Massenkrankheiten Krebs, Herzinfarkt oder Aids. Und es gibt eine Masse von Angeboten, diese Angst zu verdrängen und durch Aktivismus, Leistung, Glückserwartungen sein Leben erfolgreich und lang zu gestalten. Die ungeheure Bedeutung des Sex ist tiefenpsychologisch der intensivste Versuch, Lebensgenuß in kurzer Zeit zu haben und nicht zu sterben.

Diese selben Menschen aber haben auch Augenblicke oder Zeiten, in denen sie absolut unsicher sind und sich dann manchmal Zukunftsverheißungen, astrologischen Versprechungen oder esoterischen und magischen Praktiken hingeben. Dabei herrscht die Überzeugung vor, daß es vielleicht eben doch zwischen Himmel und Erde noch etwas gibt, was wir nicht wissen, aber unbedingt wissen möchten. Und der Mensch ist, wie zu allen Zeiten, clever genug, für sein Leben Sicherheiten einzubauen und also neben materiellen Versicherungen - man baut Bunker und legt Vorräte an - zugleich bestimmte religiöse Akte und Angebote nicht zu verpassen. Da keiner genau weiß, wie sich die Zukunft entwickelt, ist es besser, mit Kirche, Religion und solchen Dingen doch einen gewissen Kontakt zu behalten. Man verläßt das bisher sichere Schiff nicht in so schwankender Zeit.

Derselbe Mensch kann also sehr zweifelnd, selbstsicher, ungläubig und modern sein und zugleich an bestimmten religiösen Elementen festhalten.

Die Darstellungen der fünf klugen und fünf törichten Jungfrauen am evangelischen Dom zu Magdeburg zeigen diese Doppelgesichtigkeit: die Gesichter der fünf klugen sind identisch mit den Gesichtern der fünf törichten Jungfrauen. Der Künstler wollte wohl sagen: Du bist mal so und mal so, beides steckt in dir drin.

A | Eine theologische Orientierung

1. „Endzeitfieber" oder Sehnsucht nach dem Herrn?

„...bis du kommst in Herrlichkeit". Mit diesen Worten richten wir bei jeder Eucharistiefeier unsere Gedanken auf den wiederkommenden Herrn. Ähnlich bei dem Gebet nach dem Vaterunser. Wecken diese Worte in uns Sehnsucht oder Beklemmung?

1.1 Drängende Erwartung?

In charismatischen Kreisen verschiedenster Konfession, besonders im freikirchlichen Bereich, hört man in den letzten Jahren verstärkt, die „Wiederkunft" des Herrn stehe unmittelbar bevor. Auch in manchen traditionalistisch-katholischen Gruppen wird Ähnliches mit Vehemenz vertreten, wobei besonders auf Drohungen und schreckliche Ereignisse hingewiesen wird, die dem Ende vorausgehen sollen.

Bilder von entsetzlichen kosmischen Katastrophen, wie sie in der Offenbarung des Johannes geschildert werden, steigen auf. Entsprechende Gemälde oder Filme tun ein Übriges, um phantastische Vorstellungen und Angstgefühle aufzuputschen. *Die Aufmerksamkeit verschiebt sich von der Welterlösung auf den Weltuntergang.* Wenn schließlich Prediger so sprechen, als ob *jetzt* die „letzten Tage" seien, und wenn sie damit zu Bekehrung und „Erweckung" aufrufen, machen sie aus dem Evangelium häufig eine Drohbotschaft.

Aber es gibt auch Christen, die die „apokalyptische" Dimension neu als *Froh*-botschaft entdecken. Sie spüren etwas von der Sehnsucht nach dem Herrn, wie sie uns von der Urkirche berichtet wird, und rufen wieder aus ganzem Herzen: „Komm, Herr Jesus - Maranatha"! Dieser Ruf wurde und wird zunächst als Ausstrecken nach dem täglichen

Kommen des Herrn verstanden (s.u. 7.1). Und wer täglich so mit dem Herrn lebt, braucht dann auch vor der letzten Begegnung mit ihm keine Angst zu haben.

Freilich, auch wer sich nach der Wiederkunft des Herrn *sehnt*, ist nicht frei von Gefährdung. Menschliche Fehlhaltungen, die ja auch der „Fromme" in sich trägt, können leicht die Glaubenspraxis mitprägen. Und da man sich nun auf die „Wiederkunft" des Herrn einstellt, beginnt eine Ungeduld. Man möchte eine Art „Eingeweihter" sein, der gewisse Zeichen hat und „weiß" oder „spürt", *wann* dieses Ereignis sein wird! So ist mancher geneigt, „Prophetien" und „Lehren" anzunehmen, die das Kommen des Herrn in unmittelbare zeitliche Nähe rücken. Unbewußt kann dies auch ein willkommener Vorwand sein für eine Flucht aus den Spannungen und Anforderungen des täglichen Lebens und vor einer verantwortlichen Gestaltung der Zukunft.

Andererseits hört man häufig von „Visionen" oder „Erscheinungen", die fordernde Appelle mit Einzelheiten über bevorstehende Katastrophen verbinden. Subjektiv vielleicht ehrlich gemeint, beginnen manche „Prophetien" zu wuchern. Manchmal werden sie psychologisch „bestätigt" oder geschürt durch Naturkatastrophen oder Umweltsünden. Und die ökologische Krise tut ein Übriges, um den Eindruck zu verstärken, daß es nicht mehr lange mit dieser Welt so gehen kann. Voraussagen wie die von drei Tagen Finsternis, an denen man nur durch geweihte Kerzen geschützt sein wird, mischen sich dann mit oft nicht exakt wiedergegebenen naturwissenschaftlichen Daten. Zudem sind viele fasziniert von der Jahreszahl 2000, ähnlich wie vor dem Jahr 1000.

So kann es geschehen, daß die Sehnsucht nach dem Herrn umkippt in Angst, Neugier oder unduldsame Drohung. Das Wissen um das machtvolle Herandrängen Gottes verbindet sich dann in einer angeheizten Phantasie mit merkwürdigem Geheimwissen, und der Auftrag, in der ganzen Welt die frohe Botschaft, das Evangelium zu verkünden, bekommt durch die Aussicht, daß es bald zu Ende geht, einen seltsam

1. Eine theologische Orientierung

hektischen und bedrängenden Zug; so, wenn es etwa heißt: „Beginnend in Rußland sind wir jetzt im größten geistlichen Kampf in der ganzen Geschichte vor der Wiederkunft des Herrn." Woher nehmen die Verfasser den Mut, so etwas zu behaupten?

Das Problem ist nicht neu. Schon Paulus führt die heftigsten Auseinandersetzungen gerade mit sogenannten „Propheten" und „Aposteln" innerhalb der Gemeinden, und er mahnt: „Prüfet alles; das Gute behaltet" (1 Thess 5,21). Darum dürfen wir uns der Mühe einer kritischen Prüfung solcher Prophetien nicht entziehen. Denn ein unkritisches Übernehmen von Lehren und Prophetien ist ungeistlich.

1.2 Die Frage nach dem „Zeitpunkt" in der Lehre der Kirche
Die Antwort auf die Frage, ob wir heute in der „Endzeit" leben, hängt zunächst davon ab, wie man die Lehre von der Endzeit (Eschato-logie) versteht. Der Begriff wird in der Theologie in doppeltem Sinn gebraucht.

Im weiteren Sinn meint „Endzeit", daß mit Tod und Auferstehung Jesu der neue Äon und damit die „letzte Weltzeit" angebrochen ist. Dieses „Zeitalter", dem kein weiteres mehr folgen wird, dauert von Ostern/Pfingsten bis zum Jüngsten Tag, umfaßt also die ganze Zeit der Kirche. In diesem Sinn leben wir seit Ostern in der „Endzeit". Dann wird nicht die Frage nach dem *Abschluß* dieser „Endzeit" gestellt; doch muß jeder Mensch zu jeder Zeit mit der Möglichkeit des Todes, seiner persönlichen „Eschatologie" rechnen, ohne genau zu wissen, „wann" der Herr zu ihm kommen wird.

In einem engeren Sinn bezeichnet man mit „Endzeit" lediglich die letzte Phase dieser Zeit der Kirche, gewissermaßen die letzten 5 Minuten vor 12 Uhr. Wer so davon spricht, daß wir „heute in der Endzeit" leben, will dann sagen, daß in unseren Tagen die letzte Phase der Kirchengeschichte begonnen habe und wir *bald* mit der „Wiederkunft in Herrlichkeit" rechnen müssen. Dies ist dann eine Fixierung auf einen baldigen Zeitpunkt, wobei die Vorstellungen, wieviele Monate oder Jahre es noch dauert, unntersschiedlich sind.

Zur Lehre der katholischen Kirche über Eschatologie gehören als wesentliche Elemente:
- Die menschliche Geschichte geht nicht unendlich weiter, sondern wie sie einen Anfang hatte, so hat sie auch ein *Ende*.
- Die Zeit seit der Auferstehung des Herrn ist die *„letzte" Periode* in der Heilsgeschichte bis zum Ende der Welt.
- Danach wird ein *neuer Himmel und eine neue Erde* sein. Somit werden „Himmel und Erde" in irgendeiner Weise mitbetroffen von der Auferstehung und Vollendung der Erlösten.
- Auf dem Weg in die Vollendung muß jeder Mensch sein Leben vor Gott *verantworten* und wird schließlich von ihm „gerichtet". „Wer glaubt, wird gerettet", wer aber das Angebot der Erlösung nicht annimmt, wird verurteilt werden (vgl. Mk 16,16).
- Die Rede vom „Wiederkommen des Herrn zum Gericht" besagt auch, daß Anerkennung und Verurteilung durch Gott nach dieser Weltzeit nicht nur jeden persönlich betrifft, sondern *auch ein gemeinschaftliches* Geschehen sein werden.
- In diesem Sinne ist Gericht und Vollendung etwas, das *jenseits* unserer Geschichte liegt. Darum hat es keinen Sinn, deren „Zeitpunkt" erfahren zu wollen.
- Die Erlösten haben nach diesem Geschehen eine gemeinsame Vollendung zu erwarten, die größer ist als nur das Fortleben des einzelnen nach seinem persönlichen Tod: Eine *ewige Gemeinschaft mit Gott und miteinander*.
- Aber die Rede von der „Wiederkunft" weckt oft die *Vorstellung* (was so nicht Lehre der Kirche ist), daß Jesus noch einmal *sichtbar in diese Geschichte* komme, gewissermaßen im letzten Moment, und daß dies dann der Zeitpunkt des Endes der Welt sei. Damit verbindet sich die Ansicht, daß jenem Endpunkt der Geschichte schreckliche Ereignisse vorausgehen. Doch handelt es sich hier um eine *Bildrede* (vgl. u. 3); sie gibt keine Auskunft darüber, wie wir uns das Ende konkret (räumlich und zeitlich) vorzustellen

1. Eine theologische Orientierung

haben. Nur so viel ist gesagt: Diese Welt hat ein Ende, das allein Gott in der Hand hat. Christus wird dann den Menschen neu begegnen und über jeden das „letzte Wort" sprechen. Der Wunsch aber, dieses Ende als geschichtliches Ereignis berechnen zu wollen, ist abwegig.

- So ist die Lehre der Kirche in diesem Punkt: Wir müssen *jeden Augenblick* mit Jesu letztem Kommen *rechnen, wissen aber den Zeitpunkt nicht* - auch nicht, wie manche meinen, daß es noch lange dauern wird! Die Kirche ist also weder auf einen späten noch auf einen nahen Zeitpunkt festgelegt, sondern muß in ständiger Bereitschaft sein.
- Davon ist zu unterscheiden, daß das Herandrängen des Reiches Gottes in der Geschichte der Menschheit in bestimmten Phasen mit unterschiedlicher Dichte wahrgenommen wird, so daß manche Menschen, besonders in Umbruchsituationen, unter einem starken Eindruck „seiner Nähe" stehen. Wenn sie dann von „*Nah-Erwartung*" sprechen, muß man *unterscheiden:* Wollen sie damit ein unmittelbares Kommen und Wirken Gottes in unsere Geschichte hinein, wie es immer wieder geschieht, als „nahe" bezeichnen, oder interpretieren sie das aktuell erwartete als das zeitlich letzte Kommen?[1] Das zweite wäre eine unberechtigte Fixierung.
- Dementsprechend muß jeder Mensch zunächst für sich persönlich in ständiger Bereitschaft („Stets-Erwartung") leben, da er ja den Zeitpunkt seines Sterbens nicht weiß (Mt 25,1-13: „Törichte Jungfrauen").
- Dasselbe gilt für das Ende der Welt. Wer aber meint, den Zeitpunkt dieses allgemeinen Endes zu wissen (ob nah oder fern), macht sich gerade dadurch verdächtig und läßt sich damit von dem entscheidenden Punkt ablenken: Dem Herrn am Ende *seines* Lebens *mit Sehnsucht entgegenzugehen.*

---

[1] Eine systematische Darlegung zu diesen Fragen, mit geschichtlichen Überblicken. Kehl, Medard, Eschatologie. Würzburg: Echter 1988.

In pfingstlichen Kreisen begegnet man oft dem sogenannten *Dispensationalismus*, einer aus dem 19. Jahrhundert stammenden Lehre, daß die Heilsgeschichte in 7 Phasen aufgeteilt sei: Paradies - bis Noe - bis Abraham - bis Mose - bis Jesus Christus - bis zu einem neuen Kommen Christi - und dann folge als letzte „Zuteilung" (dispensation) ein tausendjähriges Friedensreich, in dem die schon auferstandenen Gerechten mit Christus über die Welt herrschen, bevor der letzte große Kampf stattfindet (als Interpretation von Offb 20,1-10). Bei dieser Sicht wäre also die gegenwärtige Zeit der Kirche in keiner Weise die „Endzeit". - Oft wird damit die Überzeugung verbunden, daß wir jetzt kurz *vor* jenem tausendjährigen Reich stehen (daher: *Prae*-millenarismus) und somit in dem letzten Teilabschnitt der Kirchengeschichte. In der katholischen Tradition gab es ähnliche Gedanken in dem sogenannten *Chiliasmus* (griechisch: chilioi = tausend). Diese Lehre wurde von der Kirche zurückgewiesen (1944, s. im „Enchiridion" von Denzinger-Schönmetzer-Hünermann, § 3839). Sie beruht auf einer Art der Schriftauslegung, die dem Bildcharakter der Offb nicht gerecht wird, wie wir unten sehen werden. Der Sinn jenes Textes aus Offb 20 dürfte vielmehr sein: Gott setzt der Macht des Bösen in der Geschichte immer wieder Grenzen und behält letztlich alles in der Hand.

Die „erste Auferstehung" der Gerechten aber, die „mit Christus herrschen" (Offb 20,5f), meint die gegenwärtige Auferstehung und ist praktisch ein anderes Bild für die Erfüllung mit dem Heiligen Geist. In dieser Kraft sind wir, wenn wir uns tatsächlich und voll auf sie einlassen, geschützt vor dem Bösen und „herrschen" schon jetzt mit Christus, ähnlich der Aussage von Eph 2,5f.

Schließlich macht uns ein Blick in die Kirchengeschichte skeptisch, weil schon zu oft Menschen die (meist schrecklichen) Ereignisse ihrer Zeit als die „letzte Phase" der Geschichte gedeutet haben. Man denke nur an die Ankündigung eines „Zeitalters des Heiligen Geistes" ab 1260 durch

1. Eine theologische Orientierung

den *Abt Joachim de Fiore* sowie an verschiedene Terminansagen in den vergangenen 100 Jahren, etwa durch die „*Zeugen Jehovas*". Und schon am Ende des ersten Jahrtausends erwarteten viele das Ende der Welt, manche auch um 1900. Die Zukunft wird zeigen, ob die heutigen Prognosen besser fundiert sind als die früheren. Dann wird sich dieses „Endzeitfieber" - wieder einmal - als eine Ablenkung von der eigentlichen Botschaft Jesu und der damit verbundenen Verpflichtung des Einzelnen erweisen!

1.3 Biblische Begründungen

Aber, so wird man sagen, das Neue Testament spricht doch mehrfach von einem „Bald", und zumindest Paulus scheint damit zu rechnen, daß er selbst diese „Wiederkunft" noch erleben wird.

Doch Jesus betont in Mt 24,35 und Mk 13,32, daß „über jenen Tag und jene Stunde niemand Bescheid weiß, weder die Engel des Himmels noch der Sohn, sondern nur der Vater". Hat sich diese Wahrheit heute geändert? Was der Sohn Gottes in seiner Menschheit nicht wußte und was den Engeln verborgen ist, wird das nun einigen christlichen „Propheten" geoffenbart? Aber so wie Jesus über die *Zahl* derer, die gerettet werden, keine Auskunft gibt, sondern die Menschen, die ihn danach fragen, nur dazu aufruft, sich nach dem Reich Gottes auszustrecken (Lk 13,22; vgl. Mt 7,13), so betont auch seine Antwort auf die Frage nach der Zeit, daß jeder Mensch an den jeweiligen Zeichen erkennen soll, wo das Reich Gottes *auf ihn* zukommt, aber er gibt keine Auskunft über den genauen Zeitpunkt seiner „Wiederkunft" (Mt 24,3; Apg 1,7; vgl. u. 6.1).

Und Paulus schreibt: „Wenn man sagt: Friede und Sicherheit, dann bricht plötzlich das Verderben herein" (1 Thess 5,2f). „Erschrecken" wird dies nur die Ungläubigen, da es sie unvorbereitet trifft. Die Gläubigen sind *deshalb* nicht erschrocken, weil sie *allezeit* bereit sind, *ständig* „am Tage leben" und dem Kommenden vertrauen - *nicht* jedoch, weil sie den Zeitpunkt vorher wüßten. Wenn nun Paulus in 1 Thess 5,1f über „Zeit und Stunde" ausdrücklich sagt, daß dies niemand weiß, weil „der Tag wie ein Dieb in der Nacht" kommt, wie könnte er dann kurz vorher, in 1 Thess 4,15 und 17 meinen, daß er selbst noch zu den „Überlebenden" gehören wird? Vielmehr unterscheidet er dort zwischen „Verstorbenen" und „Lebenden" und sagt im Unterschied zu „den" Toten: „wir" Lebenden (zu denen er ja jetzt noch gehört); und er präzisiert: „wir, *insofern* wir überleben", womit er gerade andeutet, daß dies eine offene Frage bleibt. Ähnliches ist zu sagen von 1 Kor 15,52. Ebensowenig enthalten Röm 13,11f; 1 Kor 7,29 und 2 Kor 5,1-10 eine Fixierung auf einen Zeitpunkt (vgl. u. 6.2).

Und wenn die Schrift davon spricht, daß „er nahe vor der Tür" oder „in der Nähe" ist (Mt 24,33-36; Phil 4,5), daß er „rasch kommt" (Offb 22,20) oder daß „der *kairos* nahe ist" (Offb 1,3), dann müssen wir wieder zwischen den beiden Arten von „Nah-Erwartung" unterscheiden (s.o. 1.2): Ohne sich auf einen Zeitpunkt für das Ende festzulegen, spürte die Urkirche deutlich die andrängende Nähe des Herrn. Ziel jener Aussagen ist jedenfalls nicht, einen bestimmten Zeitpunkt anzugeben, sondern zunächst die Frage nach dem Zeitpunkt offen zu halten; manchmal ist ausdrücklich die personale, innere „Nähe" gemeint, immer aber eine Aufforderung zur Wachsamkeit. So bleibt uns von der Schrift her nur die Auskunft: Wir wissen den Zeitpunkt nicht.

Bei angeblichen „Schriftbeweisen" dafür, daß die Wiederkunft des Herrn heute unmittelbar bevorstehe, liegt oft ein Denkfehler darin, daß der in der Schrift vorkommende Begriff „letzte Tage" unbesehen auf die Endphase der Geschichte angewendet wird, so daß man nicht zwischen „Endzeit" im weiteren und engeren Sinne des Wortes unterscheidet (s.o. 1.2). Oder man geht davon aus, daß wir *jetzt* in der Endphase (im engeren Sinne) leben, und verbindet dies dann unreflektiert mit einem Schriftwort, so daß schließlich das Ergebnis wie ein Schriftargument erscheint. Eine „*Pro-*

phetie" hingegen, die den Zeitpunkt angibt, findet keine Stütze in der Heiligen Schrift; vielmehr ist umgekehrt die rechte Schriftauslegung ein Prüfstein, an dem sich jene Prophetie als unecht erweist.

Da die Auslegung der sogenannten „apokalyptischen" Texte schwierig ist, sollten wir noch einen Grundsatz bedenken, den das II. Vatikanische Konzil im Dekret „Über die göttliche Offenbarung" gibt (Dei Verbum 12): „Um die Aussageabsicht der biblischen Schriftsteller zu ermitteln, ist neben anderem auf die literarischen Gattungen zu achten; denn die Wahrheit wird je anders dargelegt und ausgedrückt in Texten von in verschiedenem Sinn geschichtlicher, prophetischer oder dichterischer Art oder in anderen Redegattungen."

So muß man Berichte über Jesu Worte und Taten anders lesen als seine Gleichnisse und darf die „Apokalypsen" in den Evangelien nicht wie ein vorweggenommenes Protokoll bestimmter Ereignisse betrachten. Was wollte Jesus etwa in Mk 13 oder Mt 24 und 25 sagen? Er wollte gewiß nicht unsere Neugier befriedigen, damit wir uns im vorhinein vorstellen könnten, wie es dann äußerlich zugehen würde, sondern wollte seine Zuhörer wachrütteln und auf den *Ernst der Entscheidung* hinweisen. Seine und der Evangelisten „Aussageabsicht" zielt also darauf, daß wir das „verstehen", nämlich durch die Bilder hindurch den Kern der Aussage erfassen. Darum dürfte auch „Judäa" in Mk 13,14 bildhaft eine besondere Nähe zu Gott aussagen und nicht, wie etwa Mt 23,37f, auf die Zerstörung Jerusalems im Jahre 70 hindeuten.

Erst recht ist die Offenbarung des Johannes nicht ein vorweggenommener Film von Ereignissen, die man irgendwann in dieser Geschichte und vielleicht sogar in dieser Reihenfolge zu erwarten habe. Zu oft schon haben Menschen versucht, bestimmte Szenen dieses Buches auf geschichtliche Ereignisse anzuwenden, angefangen von der römischen Kaiserherrschaft bis zu den schrecklichen Massakern des 20. Jahrhunderts. Aber die Offb ist ein prophetisches Buch (1,3; 22,18). Ein Prophet jedoch ist nicht jemand, der unsere Neugier befriedigt, indem er die Zukunft voraussagt, sondern der die Menschen vor den Anspruch Gottes stellt und zu einer Entscheidung aufruft. Dies wird deutlich an den „Sieben Sendschreiben" an die Gemeinden (Offb 2 und 3), denen ein Spiegel vorgehalten wird mit Lob oder Tadel und mit einem Aufruf zur Treue.

Schwieriger ist es, die Schreckensbilder zu verstehen, die in drei weiteren Siebenerreihen vorgelegt werden. Auch hier soll nicht erzählt werden, was der Reihe nach geschehen wird, sondern von den 7 Siegeln (Offb 6) zeigen die ersten vier im Bild der vier „apokalyptischen Reiter" Grundverhaltensweisen der Menschheit von Anbeginn auf: Ehrgeiz, Gewalttätigkeit, Habsucht/Geiz, schließlich das Töten und Morden. Der Schrei der gerechten Seelen unter dem Altar aber (5. Siegel) weist darauf hin, daß Gott kein Unrecht, das je ein Mensch erlitten hat, vergißt, sondern daß er die Tränen trocknet und den Ungerechten zur Rechenschaft zieht. Allerdings vernichtet er die Verfolger nicht sogleich, sondern sucht sie durch ein Zorngericht zur Umkehr zu führen (6. Siegel).

Die nächsten beiden Reihen, die durch die 7 Posaunen- und die 7 Schalenengel ausgelösten „Plagen", sagen in einer drastischen Sprache, daß Gott die hartnäckigen Menschen nicht einfach in ihrem Unrecht belassen will, sondern bis ans Äußerste geht, um sie wachzurütteln. Freilich, die Reaktion der Menschen ist sechsmal negativ: „Sie bekehrten sich nicht" (z.B. 9,20; 16,9.11.21); nur in 11,13 heißt es: „Die Übrigen gaben Gott die Ehre". Man beachte weiterhin, daß „die Knechte Gottes", also die nach seinem Willen zu leben suchen, durch die Besiegelung (7,3) ausdrücklich von diesen „pädagogischen Strafen" ausgenommen sind. Man möchte fragen: Wie ist das möglich, da doch alle auf derselben Erde leben, die verwüstet wird?

1. Eine theologische Orientierung

Doch gerade daran erkennt man den Charakter der Bildsprache! Sie will nicht äußere Ereignisse schildern, bei denen dann einige jeweils von den Heuschrecken oder Skorpionen verschont werden, sondern meint *Vorgänge, die Gott völlig in der Hand hat* und die nur die unbußfertigen Sünder *treffen*. Somit geht es letztlich um Vorgänge in und an den einzelnen Menschen, um den Frieden Gottes, auch mitten in Bedrängnis, und um die Qual derer, die in der Auflehnung gegen Gott verharren. Also handelt es sich um *Bilder* und nicht um ein „Szenario" der letzten Phase der Welt. Diese Bilder aber sprechen nicht von Enddramatik, sondern von einer Grunddramatik, und zwar der ganzen Geschichte sowie eines jeden Einzelnen!

Erst Offb 16 spricht davon, daß das Ringen Gottes um die Menschheit nicht endlos währt; so wird in *weiteren Bildern* gesagt, daß Gott dem Bösen ein Ende setzt - *wann* er es für richtig hält. Es kann sehr wohl gleichzeitig geschehen, daß er den einen das unwiderrufliche Gericht zuspricht und anderen noch weiter nachgeht. Das zeigt, daß hier nicht künftige Geschichte beschrieben wird, sondern eben *die grundlegenden Kräfte der Heilsgeschichte* offengelegt werden: *Gott ist stärker als der Böse.* Es gibt dann freilich auch ein allgemeines Ende der Geschichte und somit eine letzte, endgültige Verurteilung der Bösen sowie eine unzerstörbare Gemeinschaft mit ihm in der „heiligen Stadt" für jene, die sich erlösen lassen.

So ist *das ganze Buch ein prophetischer Ruf zur Entscheidung* an die Menschen aller Zeiten. Es rechnet mit einem Ende der Zeit, aber gibt keine Auskunft über spezifische „Endzeit-*Ereignisse*" und schon gar nicht über einen Zeit-*Punkt*. Sonst wäre es die gleiche Verdinglichung in Raum und Zeit, wie wenn man auf das Wort des Propheten Jesaja (40,3): „Bahnt für den Herrn einen Weg durch die Wüste" hingehen wollte, um mit dem Bagger eine Straße zu bauen und fragen würde: Wann und wo sollen wir beginnen? Bis wohin muß sie führen und wann muß sie fertig sein? (Dies wäre ein kleines Beispiel für das, was man „biblischen Fundamentalismus" nennt.) Vielmehr ist gemeint: Wo? In deinem Verhalten! Wann? Sofort! - Mit den letzten Kapiteln der Heiligen Schrift ist es also ähnlich wie mit den ersten Kapiteln (Genesis 1-11): Wie jene keine Auskunft geben über geographische, biologische und zeitliche Daten der Entstehung der Welt, so antwortet die Offb nicht auf Fragen nach einem künftigen Ablauf der Geschichte.

1.4 Praktische Konsequenzen

In der Praxis müssen wir um den Geist der Unterscheidung bitten und daraus leben. Wir müssen bei Einzelgesprächen wie bei Großveranstaltungen gleichsam innerlich „in kritische Distanz gehen" und auf die Hl. Schrift und die Lehre der Kirche schauen. Manchmal kostet es Kraft, nicht einfach mit dem „frommen" Strom mitzuschwimmen. Nicht selten kann man ja beobachten, daß Katholiken in der Charismatischen Erneuerung zu schnell bereit sind, freikirchliche Lehren zu übernehmen, ohne sich zu fragen, was die katholische Kirche hierüber denkt und warum sie es anders sieht.

Solch kritische Distanz ist manchmal schwer, weil derartige - *falsche* - Lehren zuweilen eingebunden sind in lebendiges Glaubensleben und beeindruckende Verkündigung, manchmal von spürbarem Wirken des Heiligen Geistes begleitet. Verkünder einer solchen Botschaft können, weil sie persönlich guten Glaubens sind, durchaus Menschen zu Christus führen. Doch müssen wir uns hüten, darin schon eine Bestätigung ihrer Lehren zu sehen. Bei genauerem Zusehen wird man nicht selten auf eine gewisse geistige Enge und manchmal auf zwanghafte Frömmigkeit stoßen.

Eine andere Schwierigkeit: Manche „Propheten" sprechen Dinge aus, die tatsächlich zutreffen. Dadurch erhalten sie eine Autorität, mit der sie weitergehende Aussagen stützen, die man (noch) nicht nachprüfen kann, etwa daß es in der „Endzeit" große „Erweckungen" geben müsse. Doch können bei „prophetisch" vorgetragenen Worten auch besondere

1. Eine theologische Orientierung

natürliche, psychische Begabungen im Spiel sein, oder auch ein „Puschen" oder „Stimmung Erzeugen". Die *geistliche Qualität* solcher Worte ist jedenfalls nicht schon daran zu erkennen, daß sie zutreffend sind. Nach Mt 7,22f gibt es sogar ein „Wunderwirken im Namen Jesu", das dennoch Gott nicht gefällt. Entscheidend ist darum der Lebenskontext, in dem diese Vorgänge geschehen, z.B. ob der Prophet „die Art des Herrn hat" (Zwölfapostellehre 11,8, vgl. u. 5.5).

Grundsätzlich ist zu fragen: Ist es denn wichtig und tut es uns überhaupt gut, den Zeitpunkt zu wissen, wann diese Geschichte zu Ende geht? Zugegeben, es ist nicht leicht, in einer Offenheit und Ungewißheit zu leben. Denn es ist anstrengend, täglich mit dem Wiederkommen des Herrn zu rechnen, sein Kreuz auf sich zu nehmen und zugleich im Frieden zu bleiben, wenn er (noch) nicht kommt. Es gibt dann drei Möglichkeiten einer Ausflucht:
1) Wir haben nichts mehr zu erwarten über das hinaus, was schon in der innergeschichtlichen Erlösung geschehen ist. Man interessiert sich also nicht dafür.
   Oder man möchte es gern genau wissen und sagt dann, entweder
2) es dauert noch lange, oder
3) es steht ganz kurz bevor.

Die dritte Ausflucht findet sich bis in unsere Tage in religiösen Sondergruppen. Sie war nie die Haltung der Kirche, nur gibt es immer wieder einige („fromme") Menschen, die sich und andere mit solchen Ideen bedrängen. Wenn es dann nicht eintritt, droht diese „Frömmigkeit" allerdings ins Gegenteil umzuschlagen. Dann macht man Gott den Vorwurf, er würde „seine Verheißung verzögern" (2 Petr 3,9). Aber in Wirklichkeit wird nur der eigene „Zeitplan" als unrealistisch erwiesen!

Dennoch, in der „apokalyptischen Strömung" steckt eine Wahrheit. Ist nicht die Christenheit weithin eingeschlafen in der Meinung, das letzte Kommen Christi lasse noch lange auf sich warten? Sind wir also nicht zu lange ins andere Extrem verfallen? Doch Jesus sagt: „Wachet, denn ihr wißt nicht, wann die Zeit da ist" (Mk 13,13). Das gilt für das Kommen des Herrn im täglichen Leben, in der eigenen Todesstunde, in besonderen Phasen und Ereignissen der Geschichte und für sein „Kommen in Herrlichkeit". Wenn uns das nicht mehr gleichgültig ist, kommt von da her eine Triebkraft, „das Evangelium allen Völkern zu verkünden" (Mk 13,10), bevor er kommt!

Wir müssen also auf die wesentlichen Wahrheiten unseres Glaubens schauen und dürfen uns nicht in Randphänomene verlieren, indem wir etwa nach der Zeit fragen. Das erste und entscheidende Kriterium ist, ob Jesus Christus die Mitte unseres Lebens und Denkens ist, Jesus in seiner Schlichtheit und Wahrheit, in seinem Kreuz und in seiner Auferstehung.

„Ja, ich komme rasch" - so richtiger übersetzt statt „bald" (Offb 22,20) - dies heißt für den Christen, daß er dieses göttliche „Rasch", was die Zeitaussage betrifft, ganz Gott überläßt. Was die Wichtigkeit der Ankunft betrifft, läßt er sich zu einer vollen Wachheit herausfordern. Wir leben damit eine Haltung, die die Spannung aushält. *Jetzt* ist Zeit und Raum für die je neue Ankunft Gottes im konkreten Tag. Zugleich bleibt alles offen für die abschließende Vollendung. Wir stehen mit Entschiedenheit zu dem, was wir wissen: *Wir verfügen nicht über Gott, auch nicht über Zeit und Stunde.*

B | Aktuelles: „Die Propheten kommen"?

Was soeben grundsätzlich dargestellt wurde, soll nun an einem Beispiel verdeutlicht werden. Es handelt sich um Ereignisse und Gespräche aus den Jahren 1989-1992. Zunächst ein Bericht von Hans Gasper über die Vorgänge und Personen, die zum Teil bis heute noch wirksam sind (Kapitel 2), und danach eine kurze inhaltliche Dokumentation der entsprechenden Dialoge (Kapitel 3). Hierbei ist die Ankündigung der nahen „Endzeit" eingebunden in ein breiteres Spektrum von Aussagen mit prophetischem Anspruch, so daß wir breiter ansetzen müssen.

2. Die sogenannte „Prophetenbewegung"
   - Bericht und Stellungnahme   von Hans Gasper

2.1 Ziel der Darstellung

Mit dem Jahr 1994 ist der sog. „Toronto-Segen" (Toronto-Blessing)[1] auch für Europa angesagt. Ausgehend von einer Vineyard-Gemeinde in Toronto/Kanada, z. T. aber auch aus Argentinien kommend, gewinnt dieses Phänomen immer mehr Bedeutung für charismatische und pfingstlerische Kreise. Zum Toronto-Segen gehören vor allem enthusiastisch-ekstatische Phänomene, neben dem bekannten „Ruhen im Geist" auch: Lachen und Weinen im Geist, Schütteln,

---

[1] Der Text war ursprünglich ein Vortrag in italienischer Sprache auf einer Tagung in Foggia/Apulien 1994. Er berücksichtigt am Beginn die damalige Situation, d.h. die Aktualität des Toronto-Segens und enthält nun im Schlußteil spätere Ergänzungen. - Zum „Toronto-Segen" vgl. die Theologische Orientierung: „Zu auffallenden körperlichen Phänomenen im Zusammenhang mit geistlichen Vorgängen". Erhältlich im Sekretariat der CE, Marienstr. 80, 76137 Karlsruhe.

Zucken, Schreien, Brüllen, Sprachlosigkeit, Stammeln, Sprechen in neuen Sprachen, schließlich eine Trunkenheit ohne Alkohol, mit klaren Gedanken, aber Behinderung in Bewegung und Sprache. Martin Bühlmann, Leiter der Charismatischen Gemeinschaft „Basileia-Bern" eine Gemeinschaft in der reformierten Kirche von Bern, und zugleich der Vineyard-Bewegung verbunden, schreibt in deren Zeitschrift „ufgstellt": „Wir dürfen dankbar auf die letzten drei Monate zurückschauen. Hunderte von Menschen haben einen persönlichen Aufbruch in ihrem Glaubensleben erlebt... Was zuerst als ‚exotisch' und fremd galt, gehört heute zu einem normalen Bestandteil unseres geistlichen Lebens." Deshalb befasse sich die Zeitschrift noch einmal mit diesem Phänomen, wobei man zugleich ausblicke auf einen bevorstehenden Kongreß mit John Wimber, an dem auch das Leiterehepaar jener Vineyard-Gemeinde in Toronto teilnehmen werde, wo dieser Aufbruch begonnen hat. Bühlmann erhofft sich von diesem Kongreß eine Fortführung der geistlichen Erfrischung und sagt: „Ich kann mir sogar vorstellen, daß wir in neue Dimensionen hineingeführt werden, sowohl was die Intensität als auch die Ausbreitung in der Schweiz, Österreich und Deutschland betrifft".

Es war ebenfalls Martin Bühlmann, der im März 1991 alle Teilnehmer der früheren John Wimber-Kongresse in Deutschland (1987/88), darunter viele Katholiken, für den August 1991 zu einem Kongreß in Bern einlud, auch mit John Wimber. Bühlmann schrieb u.a.: „Was erwartet uns an diesem Kongreß? Die Vineyard-Bewegung hat in den letzten Jahren einen mächtigen Aufbruch im Bereich von Fürbitte, Prophetie und Heiligung erlebt. Dieser Aufbruch wird von Männern begleitet, die in einem prophetischen Dienst stehen. Paul Cain, Bob Jones, John Paul Jackson und andere werden in besonderer Weise im Rahmen des prophetischen Wirkens gebraucht und haben in John Wimber und der Vineyard-Bewegung Leitung und Einbettung gefunden. Ich

2. „Prophetenbewegung" 29

habe im Verlauf der letzten Jahre die verschiedensten Vineyard-Kongresse miterlebt. Das tiefe Anliegen für echte Nachfolge, begleitet von einem Feuer von Heilung und Fürbitte, hat mich sehr beeindruckt. Die Dimension des prophetischen Wirkens in der Tiefe der Aussage, aber auch in ihrer Zuverlässigkeit ist überwältigend. Wir erwarten, daß wir gemeinsam mit diesem Kongreß eine neue Beziehung zu Jesus Christus und eine neue Salbung im Dienst für die Erweckung im deutschsprachigen Raum erleben".

Zwischen den Ereignissen von 1994 und 1991 gibt es auffallende Gemeinsamkeiten: Eine neue Bewegung innerhalb der charismatisch-pfingstlerischen Szene in den USA greift über nach Europa, in diesem Fall auf die deutschsprachigen Länder. Vermittler auf der einen Seite ist die Vineyard-Bewegung von John Wimber, auf der anderen Seite eine sehr lebendige charismatische Gemeinschaft im europäischen Raum, die Basileia-Gemeinschaft in Bern. Wie jetzt beim Toronto-Segen, so spielte auch bei den „Propheten" England und insbesondere London eine wichtige Rolle als Verbindungsglied. Im Augenblick sind mehrere charismatische Gemeinden und Gemeinschaften in England und in London stark vom Toronto-Segen erfaßt, darunter auch katholische Gemeinschaften. Ähnlich war dem Auftreten der „Propheten" im deutschsprachigen Raum 1990 eine Konferenz in London vorausgegangen.

Es fragt sich, ob die neue Erweckungsbewegung um den Toronto-Segen von längerer Dauer sein wird als die Erweckungsbewegung um die „Propheten". Diese konzentrierte sich auf ganz wenige Jahre, die Zeit von 1989-1992. In diesem kurzen Zeitraum bekam eine zunächst lokale Bewegung, die Kansas-City Fellowship um deren Pastor Mike Bickle und mit deren „Propheten" Paul John Jackson und vor allem Bob Jones - später kam auch noch Paul Cain dazu - eine gewisse Bedeutung für ganz Nordamerika (Vereinigte Staaten und Kanada), aber in weit stärkerem Maße für Europa. Wichtig dabei wurde, daß diese lokale

Bewegung - mit Verbindungen seit 1987 - sich 1990 der Vineyard-Bewegung von John Wimber angeschlossen hatte. Dies war zugleich verbunden mit einer prophetischen Verheißung an die Vineyard-Bewegung für die 90er Jahre. Es gab also eine Wechselseitigkeit: Vineyard gab der Propheten-Bewegung eine überregionale Bedeutung, zugleich gab die Propheten-Bewegung Vineyard und John Wimber eine neue Bedeutung für die kommende Zeit, deren Inhalt ganz wesentlich das prophetische Element war.

Die „prophetische Bewegung" war zugleich von heftigen Kontroversen begleitet, die einen ersten Höhepunkt fanden in einer mehr als 200 Seiten starken Dokumentation des Pastors einer anderen Gemeinde in Kansas City, Ernest Gruen. Seit 1991 waren auch die Leitungsgremien der Katholischen Charismatischen Erneuerung in Deutschland stark engagiert, weil nämlich mit dem Brief von Martin Bühlmann auch zahlreiche Katholiken angeschrieben worden waren. Im Herbst 1991 wurde der führende „Prophet" aus der Kansas-City-Zeit, Bob Jones, wegen sexueller Vergehen gemaßregelt. 1992 löste sich John Wimber von der Propheten-Bewegung, die zwar noch innerhalb der Vineyard-Bewegung blieb, aber ohne das Engagement von John Wimber zu ihren Gunsten. Ein Kongreß im September 1992 in Nürnberg mit Mike Bickle und Paul Cain markiert, soweit ich weiß, das Ende der Propheten-Bewegung zumindest für den deutschsprachigen Raum.

Bei der folgenden Darstellung soll es vor allem um diese paradigmatischen Aspekte gehen: Irgendwelche außergewöhnlichen Erscheinungen werden als besondere Geistesgaben angesehen, und es wird ihnen eine besondere Bedeutung für die Gegenwart bzw. für die kommenden Jahre zugesprochen. Bei der Verbreitung spielen in der pfingstlerischen und charismatischen Szene angesehene Personen und deren Gemeinschaften eine entscheidende Rolle. Von großer Wichtigkeit ist, daß diese Personen und ihre Gemeinschaften enge internationale Kontakte und Verbindungen haben. Para-

2. „Prophetenbewegung" 31

digmatisch ist auch, daß zumindest in Teilen der charismatischen und pfingstlerischen Szene eine gewisse Bereitschaft vorhanden zu sein scheint, in außergewöhnlichen Phänomenen unmittelbare Manifestationen des Heiligen Geistes zu erkennen. Die Prüfung kommt dann nicht selten zu kurz. Im Fall der „Propheten" hat sie stattgefunden, wesentlich durch Pastor Ernest Gruen in Kansas City und dann durch ein Leitungsgremium der Katholischen Charismatischen Erneuerung in Deutschland; das Resultat in diesem Fall waren erhebliche Zweifel an der Echtheit der prophetischen Gaben, zumindest, was Umfang, Bedeutung und Anspruch betrifft.

Die Darstellung konzentriert sich auf die großen Linien, also auf den Weg von Kansas City über Anaheim (Vineyard-Bewegung) nach Europa; Lehre und Praxis der „Propheten" werden sehr global nachgezeichnet.

2.2 Kansas City Fellowship (KCF)

Ihre Dynamik erhält die Geschichte also dadurch, daß eine zunächst regionale Bewegung mit einer überregionalen, ja internationalen Bewegung zusammentrifft, nämlich die Kansas City Fellowship (KCF) mit der Vineyard-Bewegung bzw. mit John Wimber. Der Beginn liegt aber in Kansas City.

Herbst 1982 ging der damals 27jährige Mike Bickle, bis dahin Jugendpfarrer in St. Louis, nach Kansas City, um dort eine eigene unabhängige charismatische Gemeinde zu gründen. Er begann Dezember 1982. Zuvor soll Bickle bei einer Reise 1982 in Kairo die Vision einer weltweiten Mission gehabt haben. Etwa zur gleichen Zeit hielt sich in Kansas City Bob Jones, einer der späteren „Propheten" auf, damals 52 Jahre alt. Bob Jones ist in der ganzen Geschichte eine der wichtigsten, zugleich eine der farbigsten Personen. Er stammt aus Arkansas. Amerikanische Bekannte charakterisieren ihn aufgrund seiner Sprache als klassischen Hillibilly, also als Hinterwäldler, der kaum richtig Englisch könne. Bereits im Alter von 9 und 13 Jahren habe er die ersten beiden Visionen gehabt. Dann jedoch fiel er in Sünde, Alkohol, Frauen etc. Auch vom Aufenthalt in einer Nervenklinik ist die Rede. Mit 39 Jahren bekehrte er sich in einer Baptistenkirche, wurde mit dem Heiligen Geist erfüllt und hatte seitdem, so Mike Bickle, Visionen „wie in Technicolor". Bei einer Konferenz in Anaheim/Kalifornien, dem Zentrum der Vineyard-Bewegung, August 1989 (verbreitet auf Tonband), begann Bob Jones: „Auf diesen Tag habe ich zehn Jahre gewartet. Vor zehn Jahren hatte ich eine Vision". Mike Bickle fährt fort: „Und seitdem hatte er gut hundert Visionen pro Tag". An anderer Stelle sagt Bickle, Bob Jones habe viele tausend Visionen gehabt, er sehe Engel, Dämonen, den Herrn, und er höre dessen Stimme regelmäßig. Aufgrund einer besonderen „Salbung" (anointing) seiner Sinne könne er auch z. B. Krebs riechen, Homosexualität oder wenn jemand ein Fürsprecher im Gebet sei. In der von E. Gruen 1990 zusammengestellten Dokumentation heißt es, Jones habe nach Angaben der KCF normalerweise fünf bis zehn Visionen pro Nacht und er sehe 10 bis 15 Mal pro Woche Engel und zwar seit 1974. Zusammengerechnet käme man damit auf etwa 27.000 bis 54.000 Visionen und auf 8.000 bis 12.000 spezielle Engelvisionen (beides abgerundet). Dies seien mehr übernatürliche Erfahrungen als die aller Personen in der Bibel zusammen. Die Folgerung von Gruen: „Hier muß allen Ernstes etwas falsch sein."

Bei ihrem Zusammentreffen im Jahr 1983 überzeugt Bob Jones Mike Bickle mit Prophezeiungen, die sich erfüllen, und damit, daß er über Bickle und über andere Personen Dinge weiß, die nur diese selbst oder nur ganz wenige andere Personen wissen können. Mike Bickle ist überzeugt, daß Bob Jones eine besondere Gabe der Prophetie hat. Später kommt noch John Paul Jackson hinzu, aber Bob Jones ist ungleich wichtiger. - Der dritte der „Propheten", Paul Cain, gehörte ursprünglich nicht zur KCF. Das Zusammentreffen mit ihm erfolgte über die Vineyard-Bewegung.

2. „Prophetenbewegung" 33

Mike Bickle ist erfolgreich und kann weitere Gemeinden gründen, die in der KCF zusammengefaßt sind. Das Wachstum der KCF, verbunden mit den angeblichen Prophezeiungen, vor allem von Bob Jones, wird auch über die Grenzen von Kansas City hinaus bekannt, erweckt Aufsehen und zunehmend auch Probleme, zunächst in Kansas City selbst.

2.3 Kansas City Fellowship und Ernest Gruen

1990 gibt der Pastor der charismatischen „Full Faith Church of Love", Ernest Gruen, mit seinem Stab eine über 200 Seiten starke „Dokumentation über die irrigen Praktiken und Lehren der Kansas City Fellowship (Grace Ministries)" heraus. Der Einleitung einer sehr kompakten Zusammenfassung von etwas mehr als zwanzig Seiten folgt dann eine eingehende, sorgfältige Dokumentation. Die Vorwürfe sind massiv: Falsche Lehre, falsche Praxis, Abwerbung, Sektengehabe, vor allem aber falsche Prophetie. Im Zentrum der Vorwürfe stehen Mike Bickle und Bob Jones, besonders das Wechselverhältnis beider. „Bob Jones hätte niemals als Prophet Gottes angesehen werden dürfen, noch hätte irgend einer seiner Glaubensüberzeugungen, seiner angenommenen Heimsuchungen, Prophetien oder übernatürlichen Erfahrungen Glauben geschenkt werden dürfen und sie hätten nicht verbreitet werden dürfen," so der Beginn eines eigenen Kapitels über Bob Jones. Der Vorwurf an Mike Bickle ist, daß er eben dies getan habe und sogar seine „Bewegung" darauf gegründet habe. E. Gruen stellt klar, daß er und seine Kirche fest von der Wiederherstellung prophetischer Gaben überzeugt seien. Mike Bickle, den er seit seiner Ankunft in Kansas City kenne, habe er damals mit offenen Armen aufgenommen, und er habe Bickle in das Leitungskomitee (Steering committee) der charismatischen Pfarrer der Stadt aufgenommen, das in seiner, Gruens Kirche, seinen Sitz gehabt habe. Er habe lange geschwiegen mit dem Argument: „Wer macht im geistlichen Dienst keine Fehler?" Jetzt könne er nicht mehr schweigen. Entsprechend Mt 18 habe er zunächst das persönliche Gespräch mit Mike Bickle gesucht, dann habe er mit ihm und Mitgliedern seiner Leitungsgruppe gesprochen. Es habe sich nichts geändert. Aufgrund der Lehren und Praktiken, aber auch, weil Mike Bickle Ambitionen über die Stadt hinaus habe, habe er sich verpflichtet gefühlt zu handeln.

Nach, wie er sagt, sorgfältiger Vorbereitung und geistlicher Prüfung, hielt E. Gruen am Samstag, dem 20. Januar 1990, eine Predigt mit dem Thema: „Sollen wir weiter ein freundliches Gesicht machen und nichts dazu sagen?" (Do We Keep Smiling and Say Nothing?) Daran schloß sich dann die Dokumentation an. Laut Gruen habe das ganze Unternehmen unter den Pfarrern in Kansas City Zustimmung gefunden. Noch einmal beteuert Gruen, es gehe ihm nicht um Kleinigkeiten: „In meinem Herzen habe ich die tiefe Überzeugung, daß wir in Kansas City den Anfang einer charismatischen Häresie erleben".

Im Zentrum der Vorwürfe steht das prophetische Element der KCF, hier vor allem von Bob Jones. Vorgeworfen werden: Falsche Prophetien, Prophetien ohne jeden Bezug zur Schrift, Prophetien, die Irrlehren verbreiten. Mike Bickle wird besonders vorgeworfen, daß er diese Dinge nicht bloß habe geschehen lassen, er habe sich vielmehr in seinen weitreichenden Ambitionen von Bob Jones bestätigen lassen, während er umgekehrt wiederum Bob Jones bestätige. Bei den Prophetien geht es wesentlich um drei Bereiche: Nicht eingetretene Vorhersagen; falsche Prophetien gegenüber Einzelpersonen; Spannungen zwischen Prophetie und Lehre bzw. der Schrift bis hin zur Irrlehre.

Ein besonders spektakuläres Beispiel, - es begegnet auch in Mitschriften von einer Konferenz Wimbers in Anaheim 1989 - ist eine im Mai 1983 für die Zeit von Juni bis August 1983 durch Bob Jones angekündigte Dürre in Kansas City. Diese sei am 23. August 1983 mit einem gewaltigen Regenfall beendet worden. In Gruens Dokumentation wird dazu festgestellt, es habe 1983 in diesen Monaten in Kansas City keine Dürre gegeben und der Regenfall am 23. August sei sehr

2. „Prophetenbewegung" 35

bescheiden gewesen. - John Wimber versuchte später dies dadurch zu retten, daß er feststellte, Jones bzw. Bickle hätten sich im Nachhinein bei den Monaten geirrt, die Dürre habe von Juli bis Oktober 1983 stattgefunden. Wie dem auch sei, bezeichnend ist, daß die „Propheten", zumal Bob Jones, ihre Glaubwürdigkeit durch die Vorhersage besonderer Ereignisse dokumentieren, während andererseits der rekonstruierbare Sachverhalt den Vorhersagen nicht oder nur teilweise entspricht. In den Kontext vorhergesagter Großereignisse fallen auch von Bob Jones und Jackson vorhergesagte wirtschaftliche Einbrüche in den USA, die ebenfalls nicht eintrafen.

Zu solch weitreichenden Prophetien mit fragwürdiger Erfolgsrate kamen personenbezogene Prophezeiungen. Dazu stellt die Dokumentation fest, sie seien mit Irrtum und Täuschung überladen gewesen und sie hätten Menschen Schaden zugefügt. - In diesen persönlichen Prophetien lag wohl ein wichtiger Schwerpunkt, bei Bob Jones wie auch bei Paul Cain; viele, die der Propheten-Bewegung später positiv gegenüberstanden, auch z. B. in England, behaupteten, sie hätten durch die Propheten etwas über ihr Leben erfahren, was niemand hätte wissen können.

Empört lehnt Gruen einige der Entschuldigungen für falsche Prophezeiungen ab, etwa die, man befinde sich gerade in der Phase der Wiederherstellung oder persönliche Prophetien seien immer nur bedingungsweise, auch wenn gar keine Bedingungen genannt würden.

Ein ganz zentraler Vorwurf ist, daß die Prophetien ohne Schriftbasis seien oder sogar Irrlehren nahelegten. So finden sich in den Prophezeiungen von Bob Jones - aber auch von Paul Cain - Aussagen zur Endzeit, die als angebrochen betrachtet wird. Für diese Endzeit wird eine ganz neue Salbung erwartet, eine siegreiche Kirche, eine „Armee von Unbesiegbaren": Alle Wunder, die es je gegeben hat, würden stattfinden, jedes Wunder der Apostelgeschichte zehntausendfach; die Glaubenden seien dann unbesiegbar und nicht zu töten; Geisterfüllung ohne Maß, Aufstieg in den zweiten

Himmel, um dort den Teufel herauszuwerfen usw. Es werde auch eine neue, weltweite Ordnung vorhergesagt, die natürlich in besonderer Weise mit der KCF verbunden sei.

Hier verbindet sich offensichtlich die Vorstellung des bald hereinbrechenden Endes mit der einer besonderen Geistausgießung in der Endzeit. Diese Gedanken, zumal in ihrer konkreten Ausprägung – „Latter Rain Movement" – haben offensichtlich in der charismatischen und pfingstlerischen Bewegung eine Reihe von Kontroversen hervorgerufen. Zumal bei Bob Jones erscheint dies alles in ganz phantastischen und z. T. bizzaren Bildern. Besonders mit Blick auf ihn und seine Visionen, Auditionen, Prophezeiungen, Begegnungen mit Engeln und Teufeln, seine Himmelsreisen und seinen Hang zu Bildern und phantastischen Erzählungen wird dann auch gefragt, ob das Ganze nicht okkult sei.

Zu den Vorwürfen, die sich auf die Ausübung der Prophetengabe beziehen, kommen weitere, die das Verhalten der KCF insgesamt als einer eigenen „Bewegung" bezeichnen, etwa das festzustellende Bestreben, sich in Kansas City zu Lasten anderer Kirchen ausbreiten zu wollen.

Auf mich macht die Dokumentation von Ernest Gruen und seinem Stab den Eindruck großer Sorgfalt, was nicht ausschließt, daß sie auch Fehler bei den Fakten oder in der Interpretation von Geschehnissen enthalten mag. Umgekehrt erscheint zumindest der prophetische Teil der KCF, besonders die hier zunächst zentrale Gestalt von Bob Jones, als sehr eigenartig, um es zurückhaltend zu sagen.

Man wird wohl feststellen können, daß normalerweise diese Dokumentation ausgereicht hätte, den prophetischen Teil von KCF ganz erheblich in Frage zu stellen, hätte nicht John Wimber eingegriffen. Nachdem E. Gruen seine Dokumentation vorgelegt und zugleich verbreitet hatte, war für Juli 1990 eine Zusammenkunft von Gruen und Bickle mit dem Network of Christian Ministers (NCM – also Netzwerk christlicher Pastoren) vorgesehen. Mai 1990 erschien jedoch John Wimber auf der Szene. Er erklärte, Bickle habe sich seiner Aufsicht unterstellt und sei nun ein Teil der Vineyard-Bewegung. Obwohl Wimber daran festhielt, daß hier wirkliche prophetische Gaben vorhanden seien, bestätigte er zugleich, daß es zu Übertreibungen gekommen sei. Er kündigte an, die Mängel abzustellen. Ganz offensichtlich vertraute Gruen der Leitungsfähigkeit Wimbers und erklärte, er werde die Sache zunächst ruhen lassen und die Dokumentation nicht weiter verschicken.

Der Schritt Wimbers war nicht ohne Ambivalenz. Einerseits sah John Wimber wohl deutlich, daß in der Prophetenbewegung von KCF ganz erhebliche Mängel gegeben waren. Dies lassen von der Vineyard-Bewegung gegebene Richtlinien für den prophetischen Dienst vom Mai 1990, nicht zuletzt hinsichtlich der Person von Bob Jones, ganz klar erkennen. Ich komme darauf noch zurück. Auf der anderen Seite war Wimber jedoch offensichtlich davon überzeugt, daß hier echte prophetische Gaben vorhanden seien, die unter seiner Leitung den rechten Weg nehmen würden. Er mußte davon um so mehr überzeugt sein, als die „Propheten", Bob Jones und auch der später hinzugekommene Paul Cain, für die Vineyard-Bewegung und für Wimber selbst eine ganz besondere Rolle in den kommenden Jahren vorhergesagt hatten. John Wimber aber war es nun, der vor allem dazu beitrug, daß die „Propheten" eine Bedeutung über die USA hinaus erhielten.

2.4 Kansas City Fellowship und John Wimber

Hier muß zunächst ein kurzer Blick auf John Wimber und seine Bewegung geworfen werden. Wimber, geboren 1934, war zunächst Musiker. Anfangs Quäker schloß er sich in den 70er Jahren dem „Fuller Institute of Evangelism and Church Growth" an (also: Fuller Institut für Evangelisation und Kirchen/Gemeindewachstum). 1982 wurde Wimber Leiter der 1974 gegründeten Vineyard-Bewegung. Diese, ursprünglich eine kleine Bewegung, ist inzwischen zu einer Bewegung mit gut 300 Gemeinden in den USA und Kanada und gut 20 im Ausland angewachsen.

Wimber sah sich als Vertreter der sogenannten „Dritten Welle" (Third Wave), nach Pfingstbewegung und Charismatischer Erneuerung, mit einem ganz besonderen Schwerpunkt auf der Verbindung von Evangelisation und Geistesgaben bzw. Wundern, der sogenannten „Power Evangelisation". „Zeichen und Wunder" sollen, wie in biblischer Zeit, die Evangelisation begleiten und sie unterstützen.

„Zeichen und Wunder" war auch der Name des berühmten „Kurs MC 510" am „Fuller Theological Seminary" in Pasadena, im Studienjahr 1981/82. Im Kurs MC 510 lehrten C. Peter Wagner und John Wimber - zwei Experten für Mission - ihre Power Evangelisierung, eine Missionsstrategie, die die christliche Botschaft vermittelt zugleich mit der überzeugenden Kraft von Machterweisen, die sich an den Glaubenden als wirksam erweisen: Heilungen, Wunder, die Fähigkeit, Dämonen zu vertreiben, welche zu einem Großteil am Übel der Welt schuld seien.

In diesem Umkreis entstand auch der Gedanke des sogenannten „Spiritual warfare", der „geistlichen Kriegführung". Nicht ohne zum Teil erhebliche Kontroversen, auch am Institut selbst, gewann Wimber großen Einfluß, auch über die Grenzen der USA hinaus. Wie bereits gesagt, fanden 1987 und 1988 zwei Wimber-Kongresse in Deutschland statt.

Etwa um diese Zeit, Ende der 80er Jahre, kam es ganz offensichtlich zu beträchtlichen Problemen innerhalb der Vineyard-Bewegung, Leitungsprobleme wie auch „moralische Verfehlungen". Genau zu dieser Zeit kam es aber zu Kontakten mit der KCF einerseits, Paul Cain andererseits, der seinerseits mit der KCF zusammenzuarbeiten begann.

Hier auch ein kurzer Blick auf Paul Cain. Paul Cain, damals bereits 60 Jahre alt, ist ein Veteran der Heilungsbewegung der 40er und 50er Jahre, der unter anderem mit dem berühmten Heilungsevangelisten William Branham zusammenarbeitete. - Branham ist wohl der berühmteste der damaligen Heilungsevangelisten, gilt aber zugleich wegen

2. „Prophetenbewegung"

einiger Lehren, unter anderem antitrinitarisch, und wegen Lehren seiner Anhänger, die z. B. seine Auferstehung erwartet hatten, als problematisch. Cain zog sich nach dem Abebben der Heilungsbewegung fast drei Jahrzehnte zurück, um 1988, zusammen mit Jack Deere, John Wimber zu besuchen. Jack Deere war Lehrer an einem theologischen Seminar und hatte eine stark evangelikal, anticharismatische Vergangenheit. Cain führte sich 1988 bei Wimber unter anderem mit der Vorhersage von zwei Erdbebenterminen ein, eines in Kalifornien für den Tag seiner Ankunft in Anaheim. Cain trat auch in Verbindung mit Mike Bickle und dessen KCF, die ja ihrerseits Kontakt zu Wimber und seiner Bewegung aufgenommen hatten. Obwohl auch Paul Cain, zumal in seiner Endzeitlehre, nicht ohne Probleme ist, ist er doch ungleich seriöser als Bob Jones.

Sie alle jedoch, Cain, Jones, Bickle, bestätigten Wimber Ende der 80er Jahre, also zu einem Zeitpunkt großer interner Schwierigkeiten in der Vineyard-Bewegung, eben die Bedeutung dieser Bewegung und die Bedeutung Wimbers selbst. Die „Propheten" gaben also Wimber eine neue Hoffnung, und sie überzeugten anscheinend Wimber davon, die Bewegung der „Power Evangelisation" werde nun auch ganz wesentlich durch prophetische Gaben bestimmt sein. Ein Gespräch vor einem Auditorium in Anaheim im August 1989 zwischen Mike Bickle und Bob Jones über „Vineyard und die 90er", erhältlich auch als Tonband, bezeugt die Beziehung zwischen KCF und Vineyard sowie deren Vorgeschichte.

Gut ein Drittel dieses Gespräches ist zunächst dem Verhältnis von Mike Bickle und Bob Jones gewidmet. Mike Bickle rekapituliert noch einmal, wie er durch eine wunderbare Geschichte von Prophetien und deren Erfüllung auf Bob Jones gestoßen ist (unter den erzählten Geschichten ist auch die von der Dürre 1983). Auf diese Weise wird zugleich Bob Jones dem Publikum in Anaheim, also den Vineyard-Anhängern, als glaubwürdiger Prophet vorgestellt. Der Rest des Gespräches handelt dann von der zukünftigen Bedeutung Vineyards und von der zukünftigen Bedeutung John Wimbers. Bereits 1984 habe Jones, laut Bickle, Vineyard im Blick gehabt und bereits seit dieser Zeit habe es erste Kontakte mit Vineyard-Pastoren gegeben. 1987/88 beschleunigten sich die Dinge. Zweimal sagt Jones, so Bickle, exakt einen bevorstehenden Anruf Wimbers voraus, Oktober 1987 für den Januar 1988, am 05. Juni 1988 für den 10. Juni 1988. Bereits November 1988 begleitet Bickle John Wimber auf einer Reise nach Schottland, auf der sie sich auch über die Bedeutung der prophetischen Gaben austauschen. Die Botschaft von Jones über Vineyard war: Vineyard hat Top-Priorität für KCF, Vineyard hat Top-Priorität für den Herrn. Dies habe, so Bickle, der Herr hörbar zu Jones gesagt.

Jones bekräftigt hier auf Anfrage, daß der Herr gewöhnlich hörbar zu ihm spricht. Im weiteren Verlauf des Gesprächs geht es dann um die Sendung Vineyards, um die notwendige Verdemütigung und Heiligung vieler Leiter, um die notwendige Reinigung Vineyards und um die Bedeutung von John Wimber. „Es wird eine ganz neue Struktur geben, John Wimber wird an der Spitze von allem stehen," so Bob Jones. Es soll einen ganz neuen Durchbruch geben, und dieser soll nicht nur Vineyard betreffen, vielmehr den ganzen Leib Christi. Zum Schluß erwähnt Bickle noch Paul Cain, auch er jemand, der unmittelbar den Herrn höre. Laut Bickle hat Paul Cain in den letzten zweieinhalb Jahren 25 Leiter im charismatisch-pfingstlerischen Umfeld besucht, darunter Paul Yongi Cho in Korea, Oral Roberts, Pat Robertson, David Wilkerson, Jimmy Swaggart vor seinem Fall. Jedesmal habe Gott ihm gesagt, dieser ist es nicht. Januar 1987 habe dann der Herr zu Paul Cain gesagt: Bald wirst Du vor dem Mann stehen. Und auf einer Konferenz über geistliche Kriegführung ist Paul Cain dann zu John Wimber geführt worden. Auch hier wird eine Verheißung für den ganzen Leib Christi gegeben.

2. „Prophetenbewegung"

Verglichen wird dieser Prozeß der Suche nach dem richtigen Mann übrigens mit Samuels Suche nach David. Wimber wird also in der Perspektive Davids gesehen, als derjenige, den der Herr sich erwählt hat. Bei einer Konferenz Juli 1989, ebenfalls in Anaheim, übertrug Paul Cain eine messianische Verheißung Gottes an David und sein Haus beim Propheten Amos (9,11-15) auf John Wimber und Vineyard.

John Wimber also, 1988 in ernsten Schwierigkeiten mit seiner Vineyard-Bewegung, trifft in dieser Zeit auf die KCF und die damit verbundene Prophetenbewegung. Diese gibt ihm eine große Verheißung für die 90er Jahre. Spätestens hier, angesichts dieses so offensichtlichen Nutzens, muß man sich ernste Fragen stellen, einmal ganz abgesehen von den zumindest nach katholischen Maßstäben sehr problematischen Umständen der Prophezeiungen insgesamt. Die hier notwendigen Bedenken reichen aber, wie mir scheint, nicht hin, um Betrug anzunehmen. Wir müssen vielmehr davon ausgehen, daß John Wimber - wie wohl auch Mike Bickle - zum einen überzeugt waren von der Bedeutung Vineyards bzw. von der Bedeutung des Konzepts der „Power Evangelism". Sodann war Mike Bickle fest überzeugt von der Bedeutung der Propheten, zunächst und vor allem von Bob Jones, dann J.P. Jackson, schließlich Paul Cain.

Noch einmal zu Paul Cain: Er kommt mit einer sich bei seinem Eintreffen in Anaheim erfüllenden Prophezeiung über ein Erdbeben, er hat eine persönliche Botschaft für John Wimber, er ist ein integrer Mann und zugleich ein Mann aus der großen Zeit der Heilungsbewegung, schließlich ist er in Begleitung eines wissenschaftlich geschulten Theologen, Jack Deere.

Mit der Übernahme der KCF durch John Wimber und seine Vineyard-Bewegung erreicht diese bzw. die mit ihr verbundene Propheten-Bewegung eine ganz neue Dimension. John Wimber ist in den Vereinigten Staaten und in Kanada ein Begriff, und er erfreut sich eines hohen Ansehens in charismatischen und pfingstlerischen Kreisen in Europa. Erst mit dieser Übernahme gewinnt die Feststellung „die Propheten kommen" eine Bedeutung über Kansas City hinaus. Zumal für die europäische Szene wird John Wimber zum Zeugen dafür, daß jetzt eine neue Zeit prophetischer Gaben angebrochen sei. Der Hintergrund, die Auseinandersetzungen von KCF in Kansas City und die internen Auseinandersetzungen in der Vineyard-Bewegung, ist hier kaum bekannt.

Wimber übernimmt also die KCF, und diese Übernahme ist zugleich Bestätigung wie Korrektur. In seiner Zeitschrift, „Equipping the Saints", engagiert sich John Wimber für die „Propheten", wird Mike Bickle in einem Kurzporträt vorgestellt und erhält Paul Cain Platz für ein ausführliches Interview. Zugleich gibt es aber von Jack Deere verfaßte Richtlinien über den Umgang mit prophetischen Gaben in der Vineyard-Bewegung, die deutliche Beschränkungen für J.P. Jackson und ganz besonders für Bob Jones zeigen. Eigentlich bleibt nur Paul Cain unangetastet.

Hier einige der Hinweise aus dem Text „Vineyard Policy Regarding the Prophetic": Fast alle prophetischen Worte seien mit Bedingungen verbunden. Es bestehe ein Unterschied zwischen der Offenbarung, die eine Person empfängt, ihrer Interpretation und ihrer Anwendung. Die Offenbarung mag zutreffend sein, die Interpretation kann die Sache weit verfehlen. Man solle keine Entscheidungen aufgrund prophetischer Worte allein treffen. Prophetische Worte sollen Ältesten, Pastoren und anderen Personen vorgelegt werden, die ebenfalls die Prophetengabe haben. Ohne klare biblische Grundlage darf eine Prophetie nicht zur Begründung von Lehre und Praxis benutzt werden. Bestimmte persönliche Bereiche sollen aus der Prophetie ausgeklammert werden (etwa Aussagen, die die Geburt eines Kindes oder Ehen betreffen).

Es wird eingeräumt, daß bestimmte Irrtümer und Fehler geschehen seien, und zwar in Lehre und Praxis. Zu den

2. „Prophetenbewegung"

Personen wird gesagt: Paul Cain könne überall in Vineyard oder außerhalb aktiv werden. Bob Jones solle nicht als Lehrer auftreten, er dürfe Anekdoten oder persönliche Geschichten in der Öffentlichkeit verbreiten, wenn z.B. Mike Bickle oder andere Lehrer dabei sind, die ihn übersetzen und auslegen. Seine beste Verwendung sei Prophetie im „Hinterzimmer", d.h. im kleinen Rahmen. Generell sollten überregional nur solche Leute im prophetischen Dienst tätig sein, die jene Reife haben, die das Neue Testament von den Ältesten einer Gemeinde verlangt.

Ich gehe hier nicht näher auf die einzelnen Kriterien ein. Deutlich wird hier ein doppelter Schritt: Auf der einen Seite soll der prophetischen Gabe zwar Raum gegeben werden, es soll aber auch Schutz gegenüber Mißbrauch sichergestellt werden. Zwei sehr sensible Bereiche sind strikt eingegrenzt worden, Lehre und der persönliche Bereich. Wichtig ist die Unterscheidung zwischen den empfangenen Offenbarungen und ihrer Interpretation, wodurch ein zu schlichtes und direktes Verständnis von Offenbarung und Prophetie ganz beträchtlich beschränkt wird oder beschränkt werden kann. Bedeutsam ist auch die Abstufung bei den Personen.

2.5 Von London bis Nürnberg und die deutschen Gesprächspartner

Man kann also einerseits feststellen, daß John Wimber auf die massiven Vorwürfe in der Dokumentation von E. Gruen eingegangen ist. Auf der anderen Seite war er jedoch weiter davon überzeugt, es hier mit echten prophetischen Gaben zu tun zu haben und zugleich mit einer echten prophetischen Verheißung für sich und die Vineyard-Bewegung. September 1990 erleben wir deshalb Paul Cain auf einer Konferenz in London, und dieses Auftreten in London war zugleich verbunden mit der Verheißung einer großen Erweckungsbewegung in England, deren Beginn im unmittelbaren zeitlichen Zusammenhang mit dieser Konferenz stehen sollte.

Für Europa läßt sich die Zeit der „Propheten" datieren auf die Zeit von September 1990 - Paul Cain in London - bis September 1992, Paul Cain in Nürnberg. Daß die 90er Jahre eine Zeit der Propheten sein würden, erstreckte sich also in Europa gerade auf zwei Jahre. In England wurde der Boden für die Propheten bereitet durch das Buch eines Bischofs der Anglikanischen Kirche, David Pytches, „Some said it Thunders" („Einige sagten, es habe gedonnert"). Die Ankündigung einer Erweckung, die bereits 1990 beginnen sollte, faszinierte. Vom ersten Auftreten Paul Cains in London waren viele beeindruckt, vor allem, wie mir scheint, weil er konkrete und zutreffende Aussagen über Personen machte. Durch das Engagement von Basileia Bern gerieten 1991 die Dinge auch in Deutschland in Bewegung. Frühjahr 1991 beriefen die Leitungsgremien der Katholischen Charismatischen Erneuerung eine kleine Arbeitsgruppe, deren Aufgabe es war, auf der Grundlage der Dokumentation von E. Gruen, von Tonbändern über Konferenzen mit Mike Bickle, Bob Jones, Paul Cain (Anaheim 1989, London 1990) und aufgrund zahlreicher Artikel, vor allem aus amerikanischen Zeitschriften, einen Prozeß der Prüfung einzuleiten und zu einem Urteil über die Propheten zu kommen. Nach der ersten Zusammenkunft der Arbeitsgruppe im Frühjahr 1991 wurde John Wimber als Leiter von Vineyard um eine Stellungnahme zu einer Reihe von für die Arbeitsgruppe fragwürdigen Punkten gebeten. Daß es, nach gewissen Anlaufschwierigkeiten, dann zu einem guten und intensiven Dialog kam, hatte wohl drei Gründe:

a) Die Arbeitsgruppe konnte deutlich machen, daß ihr Urteil über die Prophetenbewegung von der Katholischen Charismatischen Erneuerung in ganz Europa mit Aufmerksamkeit beachtet werden würde. Zudem erhielten die zuständigen Stellen in Rom alle wichtigen Informationen und Unterlagen (Erzbischof Cordes, damals Vizepräsident des Päpstlichen Rates für die Laien und zuständig für die Geistlichen Bewegungen; das Internationale Büro der

2. „Prophetenbewegung"

Charismatischen Erneuerung in Rom, damals ICCRO, jetzt ICCRS).

b) Über Ansprechpartner aus dem Umfeld von ECC und ICCOWE waren wichtige Personen aus dem internationalen charismatischen Umfeld informiert und beteiligt.

c) Die Arbeitsgruppe konnte deutlich machen, daß sie ein geistliches Anliegen hatte. Sie bestritt keineswegs grundsätzlich die Möglichkeit besonderer Offenbarungen, prophetischer Gaben etc., bestand aber darauf, daß es sorgfältiger Prüfung bedarf, orientiert an der Heiligen Schrift und den Lehrern geistlichen Lebens, sowie für Katholiken auch an Lehre und Überlieferung der katholischen Kirche.

Inhaltlich konzentrierte sich die Arbeitsgruppe auf drei Themenkomplexe:

1) Was ist vom übernatürlichen Charakter der Prophetien, vor allem von Bob Jones und Paul Cain zu halten? Ist eine solche Interpretation wahrscheinlich oder nicht wahrscheinlich, oder ist es gar wahrscheinlicher, daß andere Erklärungen besser zutreffen, z.B. parapsychologischer Art? - Die Arbeitsgruppe war nach der Durchsicht der Unterlagen von großer Skepsis bezüglich des behaupteten übernatürlichen Charakters der Prophetien. - Ich komme auf einige Aspekte dieser Frage noch zurück.

2) Wie wird die Aufsicht und Prüfung gegenüber den Propheten in der Vineyard-Bewegung wahrgenommen? Welches ist die Einstellung von John Wimber selbst?

3) Wie sind die Äußerungen der „Propheten" zu verstehen, die das Ende der Welt nahelegen und die zugleich für diese Endzeit eine besondere „Salbung", eine „siegreiche Kirche" erwarten? - In diesem Zusammenhang wurde der Arbeitsgruppe deutlich, daß - ganz abgesehen von einigen sehr bizarren „Prophetien" von Bob Jones - tatsächlich eine Differenz besteht zwischen katholischer Eschatologie und der Eschatologie eines Teiles pfingstlerischer oder neupfingstlerischer Christen. Auch darauf komme ich zurück.

Nach einem ausführlichen brieflichen Austausch zunächst mit John Wimber, zuletzt auch mit Paul Caine und Jack Deere, fanden mehrere persönliche Zusammenkünfte statt, mit E. Gruen (1991), Jack Deere (1991), John Wimber (1992), Paul Caine (1992) und Mike Bickle (1992).

Jack Deere, wie gesagt akademisch geschulter Theologe, theologischer Berater von Paul Caine und dann von John Wimber, bekräftigte bei einem Gespräch mit Mitgliedern der Arbeitsgruppe der Katholischen Charismatischen Erneuerung, September 1991 in Frankfurt, die von ihm verfaßten Vineyard-Richtlinien über das Prophetische vom Mai 1990. Zugleich wies er darauf hin, daß das Prophetische bei Vineyard eine nur noch relative Bedeutung habe, Wimber wolle wieder mehr das ganze Spektrum der Gaben betonen.

Zwei Monate nach diesem Gespräch, November 1991, wurde Bob Jones wegen moralischer Verfehlungen jede weitere Tätigkeit untersagt. Das diesbezügliche Papier, es konnte auch von Mitgliedern der Arbeitsgruppe eingesehen werden, ist ein beeindruckendes Dokument seelsorglicher Verantwortung. Man muß hier freilich bedenken, daß Bob Jones in gewisser Hinsicht der wichtigste der Propheten war: ihn hatte Mike Bickle zunächst getroffen, und die prophetischen Überzeugungen der KCF gründeten sich zunächst ganz überwiegend auf Bob Jones.

April 1992 wurde bekannt, daß Mike Bickle zwar weiterhin Vineyard-Pastor sei, aber nicht mehr in unmittelbarer Verbindung mit John Wimber stehe. Paul Caines und Jack Deere hatten ebenfalls eine neue Zuordnung gefunden. Der Kongreß in Nürnberg, September 1992, bedeutete für den deutschen Sprachraum das Ende der „Propheten-Dekade".

2.6 Schlußüberlegungen und weitere Entwicklungen
Ich möchte zum Schluß in aller Kürze ein paar Dinge hervorheben, die mir ganz allgemein bedeutsam zu sein scheinen.

2. „Prophetenbewegung" 47

a) Charismatische Netzwerke: Der wichtigste Aspekt scheint mir der der „Charismatischen Netzwerke" (R. Hempelmann) zu sein: Ein Phänomen, zunächst mehr am Rand angesiedelt - die Prophetenbewegung in Kansas City - findet eine internationale Verbreitung. Vermittler sind miteinander verbundene Initiativen, Gemeinden und Gemeinschaften, ferner gemeinsame Kongresse und Konferenzen. Wie beim Toronto-Segen 1994, so war schon 1989 bis 1992 dabei die Vineyard-Bewegung mit dem Netz der ihr verbundenen Gemeinden wichtig.

b) Pfingstbewegung und Charismatische Erneuerung als Volksfrömmigkeit: 1992 erschien aus Anlaß des 25-Jahr-Jubiläums der Katholischen Charismatischen Erneuerung ein Artikel mit dem Titel: „The peoples movement at age 25". Bereits früher hatte der amerikanische Benediktiner, Kilian McDonnell (u.a. Verfasser des von Kardinal Suenens 1974 veranlaßten Mechelner Dokuments Nr. 1, Vorsitzender der Vatikanischen Kommission zum Dialog mit den Pfingstlern) darauf hingewiesen, die Charismatische Erneuerung sei eine Grassroot-Bewegung („Graswurzel" = Bewegung von unten).

Pfingstbewegung und Charismatische Erneuerung haben in der Tat gemeinsame Züge mit der Volksfrömmigkeit. Hier liegt ihre Stärke und Attraktivität, hier liegt aber auch eine Schwäche. Stärke und Anziehungskraft liegen in der Bedeutung des Unmittelbaren, des Ganzheitlichen und des Emotionalen. Man braucht nur an katholische Wallfahrtsorte oder an Privatoffenbarungen zu denken, anerkannte wie (noch) nicht anerkannte, z.B. Medjugorje. Die dichte Atmosphäre solcher Orte vermittelt oft wichtige heiligende und heilende Impulse. Die Erfahrung und Überzeugung, daß Gott hier in besonderer Weise wirkt, z.B. durch das Erscheinen der Gottesmutter, kann zu tiefer Erneuerung des Glaubens und des christlichen Lebens führen, wobei subjektive und objektive Faktoren ineinander greifen.

Drei Aspekte katholischer Einordnung der Volksfrömmigkeit scheinen mir hier besonders wichtig zu sein:
1) Katholische Volksfrömmigkeit ist nicht das Ganze, sondern ein Teil kirchlichen Lebens und kirchlicher Wirklichkeit.
2) Katholische Volksfrömmigkeit ist der Aufsicht des kirchlichen Amtes unterstellt. Es findet sich zwar manchmal die Klage, es gehe alles zu langsam - z.B. Medjugorje -, aber die Geschwindigkeit bei der Ausbreitung der Propheten-Bewegung ist sicherlich noch weniger wünschenswert. Man muß allerdings sehen, daß in gewisser Hinsicht E. Gruen mit seiner Dokumentation die Aufgabe kirchlicher Prüfung und des kirchlichen Amtes wahrgenommen hat, wobei zu bedenken ist, daß wir es hier mit einem freikirchlichen Kontext zu tun haben, in dem die Gemeinden eine große Eigenständigkeit und große Bedeutung besitzen.
3) Im pfingstlerischen, generell im nichtkatholischen Umfeld, fehlt oft eine theologische Reflexion und Zuordnung - auch dies ein Merkmal von Volksfrömmigkeit. Dies wird besonders deutlich darin, daß oft nur das Entweder-Oder von übernatürlich einerseits, dämonisch oder okkult andererseits gesehen wird. Der in katholischer Tradition wichtige Gesichtspunkt möglicher natürlicher Verursachung wird zu wenig beachtet. Man muß aber die möglichen natürlichen Ursachen, auch bei anscheinend ganz außergewöhnlichen Phänomenen, sehr ernst nehmen. Gerade bei Visionen, sog. Privatoffenbarungen und Prophetien spielen menschliche Faktoren und psychische Vorgänge eine wichtige Rolle und müssen mitberücksichtigt werden. Bei der Berücksichtigung und Ernstnahme solcher natürlicher Ursachen ist allerdings darauf zu achten, daß diese nicht rationalistisch gegen das Wirken Gottes ausgespielt werden, daß vielmehr damit gerechnet wird, daß Gott in seinem Wirken auch die natürlichen Ursachen mit einbezieht.

2. „Prophetenbewegung" 49

c) Der Zwang zum öffentlichen Handeln: Bedenklich ist, daß John Wimber - trotz der Dokumentation von E. Gruen und trotz offensichtlich auch eigener Bedenken, wie sie in den Vineyard-Richtlinien zum Prophetischen vom Mai 1990 zum Ausdruck kamen - bereit war, die Propheten-Bewegung auch auf eine internationale Ebene zu bringen. Hier wäre unbedingt eine längere und interne Prüfung notwendig gewesen. Hier zeigt sich m.E. die Schwäche einer Bewegung, die darauf angewiesen ist, Zeichen und Wunder im Zusammenhang ihrer Power-Evangelism anbieten zu können, d.h. die darauf angewiesen ist, ständig etwas Neues zu bieten.

d) Eschatologie: Nur ein kleiner Hinweis zur Eschatologie. Bei einigen pfingstlerischen und nichtkatholischen charismatischen Gruppen gibt es eine Eschatologie, die sich von der katholischen Tradition unterscheidet. Wir finden hier die Erwartung einer besonderen Geistausgießung am Ende der Welt bzw. am Vorabend des erwarteten Tausendjährigen Reichs, des „Millennium" (vgl. o. 1.2). Bei einigen Pfingstkirchen und charismatischen Gemeinschaften fand diese Eschatologie Bestätigung durch den Einfluß des „Latter-Rain-Movement".

e) Löscht den Geist nicht aus: Es ist wichtig, stets alle Aspekte von 1 Thess 5,19-21 zu beachten. Die Prüfung der Geister darf nicht dazu führen, den Geist auszulöschen, sondern soll dazu dienen, das Gute zu behalten. Diese Prüfung jedoch darf nicht fortfallen. Bei den Charismatikern sind manche zu schnell bereit, den übernatürlichen Charakter bestimmter außergewöhnlicher Phänomene anzunehmen und auf die Prüfung zu verzichten - wie umgekehrt eine rationalistische oder immanentistische Geisteshaltung zu schnell bereit ist, etwas als „bloß natürlich" abzustempeln.

Wie E. Gruen, so sah sich auch die Arbeitsgruppe der Katholischen Charismatischen Erneuerung in Deutschland dem Anliegen geistlicher Prüfung verpflichtet. Es war ein bewegender Augenblick, als E. Gruen - nach eigenem Bekunden sehr antikatholisch erzogen -, bei einem Treffen am Rande des Kongresses in Brighton im Juni 1991 zum Ausdruck brachte, wie sehr er sich von den katholischen Schwestern und Brüdern verstanden sah.

f) Weitere Entwicklungen: September 1995 teilte die amerikanische Zeitschrift „Charisma" mit, daß nach langen Gesprächen am 20. Juni 1995 ein Versöhnungsgottesdienst zwischen Mike Bickle und seiner Gemeinschaft, der Metro-Vineyard-Fellowship, und der Gemeinschaft, der E. Gruen angehörte, der Full-Faith-Church of Love, stattgefunden habe. Bereits 1993 war es zu einer förmlichen Versöhnung zwischen Mike Bickle und E. Gruen gekommen (letzterer hatte aufgrund ehelicher Probleme seine Gemeinschaft und Kansas City verlassen). Jetzt, nach sechs Treffen zwischen Mike Bickle und seinem Team mit den neuen Verantwortlichen der Full-Faith-Church of Love, hatte man erklärt, daß alle Probleme gelöst seien. Bickle glaubt immer noch, daß Gruen sich seinerzeit geirrt habe, ist aber auch der Überzeugung, daß Sünden des Hochmuts von beiden Seiten begangen worden sind.

Die Protagonisten der allerersten Zeit leben nicht mehr in Kansas City. Bob Jones, nunmehr auf die 70 zugehend, dem bereits 1991 weitere Aktivitäten aufgrund moralischer Probleme verboten worden waren, lebt in Florida. Ernest Gruen konnte seine Ehe retten und wurde Pfarrer einer kleinen charismatischen Gemeinde in Olath in Kansas. - Persönlich hatte ich große Sympathien für Gruen, weil seine Dokumentation meiner Meinung nach sowohl im Faktischen als auch vom Theologischen her sehr solide war. Das schließt Irrtümer nicht aus. Wahrscheinlich hätte ohne das Eingreifen von John Wimber die Prophetenbewegung bereits 1990 ihr Ende gefunden, zumindest, was Mike Bickle und seine Gemeinde betrifft. Die Behauptung: „Die Propheten kommen" hätte in

3. Dokumentation des Dialogs

diesem Fall keinerlei weitere Bedeutung gehabt für England und für die deutschsprachigen Länder.

Eine allerletzte Bemerkung als Nachtrag: Mike Bickle, der sich weiterhin seiner prophetischen Berufung verpflichtet sieht, hat sich ganz von der Vineyard-Gemeinschaft getrennt. Diese durchaus friedlich erfolgte Trennung - aufgrund unterschiedlicher Schwerpunktsetzung - beschließt die langjährige Verbindung zwischen Mike Bickle und der Vineyard-Bewegung. Noch einmal stellt sich deshalb ganz nachdrücklich die Frage, wie geistlich verantwortlich man Anfang der 90er Jahre gehandelt hat, als man mit dem Motto „Die Propheten kommen" die Vorstellung einer Dekade des Prophetischen verband.

3. Inhaltliche Dokumentation des Dialogs
von Norbert Baumert

„Die Propheten kommen" - so die Titelseite von „Charisma", Heft 76, April-Juni 1991. Zwar kamen dann nach Bern im August 91 nicht alle, die man erwartet hatte (s.o. 2.1.), aber Paul Cain und Mike Bickle waren im folgenden Jahr die Hauptredner auf der Konferenz „Prophetischer Dienst und Gebet" vom 3.-6.9.92 in Nürnberg (s.o. 2.5). Zur Vorankündigung waren in „Charisma", Heft 81, Juli-Sept. 92, zwei Interviews mit ihnen erschienen sowie von mir eine „Anfrage an die neuen Propheten". Immer wieder wurden wir ja gefragt, warum wir von katholischer Seite jene Konferenzen nicht mittragen. Nach mehrfachem Briefwechsel und verschiedenen Gesprächen schien dann im Herbst 92 der Zeitpunkt gekommen, darüber öffentlich Rechenschaft zu geben, und zwar sowohl im katholischen Raum als auch vor den Schwestern und Brüdern in der charismatischen Ökumene in Deutschland und Europa (vgl. o. 2.5). Dies geschah durch vier Beiträge im „Rundbrief für charismatische Erneuerung in der katholischen Kirche" (4/92; 1-3/93), die hier leicht verändert folgen.

3.1 Der Vorgang der Gespräche

Die Koordinierungsgruppe des „Rates der Charismatischen Erneuerung in der katholischen Kirche in Deutschland" hatte seit 1986 regelmäßige Treffen mit dem Koordinierungsausschuß der Geistlichen Gemeindeerneuerung in der Evangelischen Kirche geführt: in diesen Gesprächen hatten wir für uns entschieden, die Wimberkonferenzen in Frankfurt (1987 und 88), die viele Katholiken anzogen, nicht als Träger mitzuverantworten; für die katholischen Teilnehmer sollte aber eine Gelegenheit zur Sammlung einschließlich einer Eucharistiefeier ermöglicht werden.

a) Strukturen ökumenischer Treffen

Warum diese Zurückhaltung? Zu einer guten Ökumene gehört Klarheit in der Verantwortung. So können wir im charismatischen Bereich verschiedene Veranstaltungstypen unterscheiden:

1) Treffen von Gliedern einer Konfession mit Gästen, gelegentlich auch Gastrednern aus anderen Konfessionen (unsere Deutschlandtreffen; katholische Gebetskreise, die ökumenisch offen sind).

2) Treffen von Gruppen aus zwei (oder mehreren) Konfessionen, für die ein aus den beteiligten Gruppen gebildeter Leitungskreis die Verantwortung trägt (etwa einige ökumenische Leitertreffen in Craheim in den achtziger Jahren). Ähnlich sind einige ökumenische Gebetskreise oder auch Gemeinschaften strukturiert.

3) Ein gesamtökumenisches Treffen, bei dem sich (grundsätzlich) alle im charismatischen Bereich vorhandenen Gruppen zur Teilnahme unter gemeinsamer Verantwortung zusammenschließen (die Treffen von Straßburg 82; Bern 90; Brighton 91; entsprechende Lobpreisgottesdienste u.ä.).

4) Treffen, die von einer oder mehreren Gruppen initiiert und gestaltet werden, zu denen aber dann andere Gruppierungen offen eingeladen oder auch deren Leitungs-

3. Dokumentation des Dialogs 53

kreise nachträglich um Mitarbeit angefragt werden (die Wimberkongresse; Nürnberg 3.-6.9.92; manche überkonfessionelle Treffen).

In jedem Fall muß eine konfessionelle Gruppe es selbst verantworten und entscheiden, ob sie an einem „ökumenischen" Treffen teilnehmen kann und will. Maßstab dafür sollte nicht ein Proporzdenken sein oder der Wunsch, sich zu profilieren, sondern das, was man als den Willen Gottes erkennt. Dabei ist ein entscheidender Aspekt, ob die Veranstaltung so ist, daß die Glieder der eigenen Konfession oder Gruppierung dadurch im Glauben wachsen und nicht über Gebühr verunsichert werden, etwa durch Lehren und Praktiken, die für sie problematisch sind. Zum anderen ist die unterschiedliche Ökumenefähigkeit der einzelnen Glieder zu beachten. Dies zu beurteilen ist Sache der Verantwortlichen. Ihre Entscheidungen werden von den Mitgliedern nicht immer verstanden und manchmal als Bevormundung empfunden. Gewiß muß der mündige Christ über seine Teilnahme letztlich selbst entscheiden; er sollte aber dabei die Entscheidung der Leitenden mit erwägen. Die Fairness gegenüber der eigenen kirchlichen Gruppierung erfordert es, sich gegebenenfalls nur als einzelner Gast zu verstehen und zu verhalten.

Bei dem 2. und 3. Versammlungstyp sollten durch die gemeinsame Verantwortung Lehre und Praxis so gestaltet werden, daß möglichst jeder der Anwesenden sie mitvollziehen kann oder ihm geholfen wird, die Verschiedenheiten richtig einzuordnen. Zudem können die Leitenden darauf achten, in welcher Häufigkeit solche Treffen zuträglich und hilfreich sind. Schwieriger ist es bei dem 4. Versammlungstyp. In den letzten Jahren häuften sich die Initiativen einzelner Gruppen, große Konferenzen zu veranstalten und dann ein breites Publikum einzuladen, weit über ihre eigenen Mitglieder hinaus.

Eine besondere Schwierigkeit ergibt sich daraus, daß solche Veranstaltungen oft einen missionarischen Impuls haben. Aber es ist ein Unterschied, ob man dazu Menschen einlädt, die fern vom Glauben oder auf der Suche nach Gott sind, oder ob man in anderen Gemeinden wirbt und so gleichsam in fremden Gewässern fischt. In letzterem Fall werden geistliche Wachstumsgesetze mißachtet, nach denen jeder in seiner Gemeinde eine ausreichende Integration braucht. Sonst könnte es sein, daß manche am Ende ihrer eigenen Gemeinde entfremdet werden und heimatlos hin und her wandern. Vielmehr müssen wir den ökumenischen Weg als Gemeinden und Kirchen gehen; und dies braucht viel Zeit und Ehrfurcht vor den Lebenszusammenhängen, in die Gott uns stellt. Alles hängt auch zusammen mit unserer Ekklesiologie, der Lehre von der Kirche. So bitten wir Katholiken die anderen charismatischen Gruppen um Verständnis, wenn wir nicht auf jede Einladung eingehen, auch wenn sie in fairer Absicht geschieht.

Bei den Wimberkongressen lag die Ausrichtung schon von vornherein fest; sie waren nicht so angelegt, daß wir sie hätten mitgestalten und das katholische Element einbringen können. Zudem hatten wir von Anfang an inhaltliche Bedenken, etwa derart, daß „Zeichen und Wunder" zu sehr in den Vordergrund gestellt oder daß spontane Reaktionen zu schnell als Wirkungen des Heiligen Geistes angesehen werden. Wissen wir doch aus eigener Erfahrung, wie schnell Sensationslust und Effekthascherei den Blick auf Jesus und seine Botschaft verdecken können (Mk 1,45ff; Mt 9,30; Joh 6,15.26). Dies hat unsere Koordinierungsgruppe schriftlich sowie in Gesprächen mit den Veranstaltern, mit denen wir stets in gutem Kontakt standen, in brüderlicher Offenheit zum Ausdruck gebracht.

b. Die Dialogpartner

Weil nun für Bern '91 (28.-31.8.) und später für Hamburg '92 (6.-9.5.) die Teilnahme der genannten Propheten erwogen wurde, bildeten wir im Januar 1991 eine Arbeitsgruppe, welche sich über die Vorgänge ein Urteil bilden

3. Dokumentation des Dialogs

sollte (vgl. o. 2.5). Dieser Gruppe gehörten an: Norbert Baumert SJ (Theologischer Ausschuß), Hans Gasper (als Delegierter der Pastoralkonferenz der Deutschen Bischofskonferenz Mitglied im Theol. Ausschuß der CE) sowie aus der Koordinierungsgruppe Frau Kim Kollins (Gemeinschaft der Seligpreisungen), Herbert Lüdtke (Gemeinschaft Immanuel, Ravensburg), Dr. Karl Renner (Gemeinschaft Lumen Christi, Maihingen) und Pfr. Bill Thomas (Diözese Würzburg).

Die zum Teil heftige Debatte im englischen Sprachraum innerhalb der charismatischen Ökumene, an die wir anknüpften (vgl. o. 2.5), war stets von aufrichtiger Sorge und von Verantwortungsbewußtsein geprägt. Da der prophetische Dienst öffentlich ausgeübt wurde, war es das Recht und die Pflicht der Angesprochenen, nun auch öffentlich zu prüfen und sich ein Urteil zu bilden. Sind es echte oder falsche Propheten? Liegt ein göttlicher Auftrag vor, so daß die vermeintlichen Fehler vielleicht nur in der Art und Weise, wie er ausgeführt wird, zu suchen sind? Wie ist diese „Bewegung", zu der noch weitere Propheten, etwa Rick Joyner gehören, als ganze zu beurteilen? Oder müssen wir stärker zwischen den einzelnen Personen und Trägern unterscheiden?

Da alle Aktivitäten der genannten Propheten innerhalb des Dienstes von Vineyard geschahen und John Wimber ausdrücklich die letzte Verantwortung übernommen hatte (vgl. o. 2.4), begannen wir mit einer Anfrage an ihn, u.a. durch einen ausführlichen Brief, dem ein „theologischer Gesprächsbeitrag" von mir beigefügt wurde (in deutsch und englisch; vgl. o. 2.5). Nach der Konferenz in Hamburg hatte unsere Arbeitsgruppe dann am 11.5.92 in Frankfurt/M, St. Georgen, ein Gespräch mit John Wimber, das in einer offenen, brüderlichen Atmosphäre verlief. Wir verdeutlichten ihm noch einmal mündlich einige unserer Bedenken und spürten bei ihm auch die Bereitschaft, das anzuhören.

c) Gesprächsinhalte

John Wimber erklärte manche theologischen und pastoralen Positionen und deren Hintergründe, nannte aber auch Einseitigkeiten und Fehler beim Namen, etwa, daß einige Mitglieder von Vineyard die Bedeutung der Propheten oder die missionarische Rolle ihrer eigenen Bewegung überschätzt hätten – was John Wimber selbst in letzter Zeit immer wieder korrigiert habe. Ebenso halte er die Ankündigung einer Art Prophetenschule (das sogenannte Shilo-Projekt) für voreilig und habe diesen Plan aufgegeben. Er sehe die Gefahr, durch Prophetien über andere Menschen eine manipulative Kontrolle auszuüben und betone darum, daß der Adressat nur dann einer Prophetie trauen darf, wenn der Herr selbst sie ihm bestätige. Von einer zunächst humorvoll scheinenden „Prophetie" von Bob Jones habe er sich distanziert.

Was uns auffiel, war die Offenheit, mit der Korrekturen einzelner Personen auch den Gemeinden mitgeteilt wurden. Weitere inhaltliche Punkte sind bereits oben unter 2.5 erwähnt und werden in den nächsten drei Sachthemen (3.2-4) zur Sprache kommen.

In der Zwischenzeit liefen die Vorbereitungen für die Konferenz in Nürnberg, Sept. 92. Bereits bei einer Vorbesprechung für Hamburg, bei der sich fast alle nichtkatholischen Strömungen innerhalb der charismatischen Ökumene in Deutschland beteiligten, war ich als Gast dabei gewesen und hatte am Ende allen anwesenden Leitern, darunter auch den Verantwortlichen für die Nürnberger Konferenz, eine Kopie meines „Theologischen Gesprächsbeitrages" gegeben. Aus diesen und anderen Kontakten, etwa in der ökumenischen Europäischen Charismatischen Consultation - ECC - oder beim Jesus-Marsch, hat sich inzwischen für Deutschland ein „Kreis Charismatischer Leiter" gebildet, zu dem auch einige Katholiken gehören.

Im Juli 92 erhielten wir dann zwei Antworten auf meinen theologischen Gesprächsbeitrag, die eine von Paul Cain und

Dr. Jack Deere, die andere von Avner Bosky als einem theologischen Mitarbeiter von John Wimber. Ich antwortete darauf mit einem „2. Theologischen Gesprächsbeitrag".

Inzwischen hatte die Nürnberger Konferenz stattgefunden. Manche Katholiken nahmen daran teil oder sahen die Video-Bänder, so daß sie sich ein eigenes Urteil bilden konnten. Viele waren davon beeindruckt. Doch gehört zu einer Urteilsbildung neben dem spontanen eigenen Eindruck auch theologische Reflexion, Austausch mit anderen und gemeinsame geistliche Unterscheidung. Dazu diente u.a. ein Zusammentreffen mit Paul Cain und Mike Bickle am Dienstag, dem 8.9. in Frankfurt/M, an dem drei Mitglieder unserer Arbeitsgruppe teilnahmen.

Der Schlußvortrag von Mike Bickle in Nürnberg, der von einer baldigen großen Erweckung in Deutschland und England und einer besonderen Rolle dieser beiden Länder in der Weltevangelisation gesprochen hatte, beruhte auf verschiedenen Prophetien von Paul Cain und anderen, hatte aber die Wiedergabe dieser Prophetien so sehr mit eigenen Gedanken verknüpft, daß es für den Hörer schwer war, beides zu unterscheiden. So hatten wir an diese Verknüpfung von Prophetien und Rhetorik sowie an deren geistliche Qualität Fragen, die zu einem Gespräch über die persönlichen Hintergründe wie auch über die Art der Prüfung und Unterscheidung führten.

Ein weiterer kritischer Punkt war die Lehre, daß wir jetzt in den „Letzten Tagen" der Geschichte stünden und daß es in diesen letzten Tagen eine „siegreiche Kirche" geben werde, welche jetzt unter den Hörern beginne. Während beide im Gespräch daran festhielten, daß eine siegreiche Kirche der Endzeit aus der Schrift abzuleiten sei (dazu s.u. 3.2), waren sie, was den Zeitpunkt betrifft, wesentlich zurückhaltender als in den Vorträgen und sagten, daß sie darüber keine volle Sicherheit hätten, weder aus der Schrift noch aus prophetischer Erkenntnis.

3.2 „Siegreiche Kirche der Endzeit"?[2]

a) Einheit in Wahrheit oder die Lehre von der Kirche

Wenn es unser Auftrag ist, in Christus eins zu werden, so gehört dazu das Mühen um ein gutes Miteinander ebenso wie das Ringen um die Wahrheit. Haben vergangene Jahrhunderte manchmal das letzte überbetont und darum schnell Grenzen gezogen, z.B. in der Reformationszeit, besteht heute eher die Tendenz, das erste, nämlich die Gemeinsamkeit, in den Vordergrund zu stellen. Die Frage nach der Wahrheit und Echtheit kann dann gelegentlich so weit zurücktreten, daß es schon als störend empfunden wird, wenn jemand einen mit Überzeugung vorgetragenen Beitrag eines anderen hinterfragt. Das würde dazu führen, daß wir entweder alles unterschiedslos nebeneinander gelten lassen oder dazu, daß sich die eindrucksvollste Äußerung durchsetzt, vor allem wenn sie im Rahmen von Gebet und Wortverkündigung vorgetragen wird. Darum heißt es in 1 Petr 3,15: „Seid stets bereit, jedem, der euch fragt, Rechenschaft zu geben von der Hoffnung, die in euch ist."

So müssen wir bei Einzelgesprächen wie bei Großveranstaltungen immer wieder um den Geist der Unterscheidung bitten, uns innerlich gleichsam zurücklehnen, müssen hinhören auf die wohlverstandene Lehre der Kirche und Gott um sein Licht bitten, damit wir nicht zu selbstverständlich dem ersten Eindruck folgen (vgl. o. 1.4). Andererseits müssen wir uns auch fragen, woher die Sicherheit dieses oder jenes freikirchlichen Lehrers oder Gemeindegründers kommt und

---

[2] Während in den internen Gesprächspapieren die einzelnen Aussagen wörtlich zitiert wurden (mit Fundort), um nicht aneinander vorbeizureden, ist es für die folgende Zusammenfassung dieser Papiere wichtig, daß die Inhalte deutlich werden, während die Frage, wer was wann wo gesagt oder geschrieben hat, zurücktreten kann. Wollen wir doch hier nicht bestimmte Personen, sondern Lehren und Grundsätze überdenken, die uns vielerorts begegnen. Einiges davon ist auch, verkürzt, in die „Theologische Orientierung" (s.o. Kapitel 1) eingegangen, so daß sich nun beide Texte ergänzen (s. die gelegentlichen Querverweise).

3. Dokumentation des Dialogs

ob er bereit ist, seine Teilerkenntnisse in ein größeres Ganzes zu stellen und von anderen zu lernen.

Es ist gewiß das Wunder der Liebe Gottes, daß er durch zweitausend Jahre hindurch immer wieder Menschen gebraucht hat, um seine Botschaft weiterzugeben; daß er unsere Grenzen ertrug und uns trotz unfertiger und irriger Anschauungen seinen Geist anvertraute, wenn er nur eine gewisse Bereitschaft fand; daß er die Teilung seiner Kirche ertrug und keinem Teil seinen Segen ganz verschloß - und doch will, daß wir uns gemeinsam um die *eine Wahrheit* mühen. Denn die Gefahr einer Täuschung ist größer, als wir denken. Würden sonst so viele gutwillige Christen Jahrhunderte hindurch in wichtigen Punkten einander widersprechen? Mit Dankbarkeit sind wir uns heute neu bewußt geworden, wie sehr wir in vielen zentralen Wahrheiten eins sind; aber wo wir wichtige Wahrheiten gefährdet sehen, schulden wir uns den Dienst des Gespräches; denn Fehler in der Verkündigung führen, manchmal längerfristig, zum Schaden der Menschen.

Welchen Beitrag zur „Einheit in Wahrheit" die Charismatische Bewegung quer durch alle Konfessionen einbringen kann, darüber hat Peter Hocken in seinem Buch „Ein Herr, ein Geist, ein Leib" (Münsterschwarzach 1992) eindrücklich nachgedacht. Es wird jedenfalls nicht darum gehen, neben die vielen Kirchen noch weitere danebenzustellen (die nun endlich die „vollkommene Kirche" wären?), sondern uns mit der ganzen Christenheit auf diejenigen Gaben des Geistes vorzubereiten, die er in unserer Zeit schenken will. Dabei wird der Heilige Geist einige Wahrheiten neu zum Leuchten bringen und uns auf weitere für uns „neue" Wahrheiten hinweisen. Das tut er auch dadurch, daß er uns lehrt, an dem Guten und Wahren festzuhalten, was Gott uns schon gegeben hat.

In diesem Sinne möchte ich nun theologische Einsichten und Lehren der katholischen Kirche ins Gespräch bringen, um einzelne Punkte heutiger Verkündigung zu prüfen. Denn wenn Jesus den „schriftgelehrten Jünger" ermutigt, „Altes und Neues aus seinem Schatz hervorzuholen" (Mt 13,52), so kann sich Gott doch nicht widersprechen. Er korrigiert vielmehr immer wieder die verschiedenen „menschlichen Überlieferungen" und gebraucht die als „Glaubenswahrheit" ausgewiesene „Tradition", um einer „Lehr-*entwicklung*" in der Christenheit ein solides Fundament zu geben.

Was die Lehre über die Kirche selbst betrifft, so sind wir im ökumenischen Dialog gewohnt, die Position der Gesprächspartner zu achten, ohne die eigene aufzugeben. Auch wenn man nicht - wie die römische, orthodoxe und anglikanische Kirche - die apostolische Sukzession fordert, ist man sich darin einig, daß die Kirche von der Zeit der Apostel bis heute kontinuierlich fortbestanden hat. Darum ist die Rede von einer „*Wiederherstellung*" *oder* „*Restauration*" der Kirche, die man gelegentlich hört, sehr problematisch. Selbstverständlich braucht die Christenheit immer wieder eine geistliche Erneuerung (»ecclesia semper reformanda«), und dazu gehören die vielen Erneuerungs- und Erweckungsbewegungen, die es in *allen* Jahrhunderten gegeben hat. Aber dies bedeutet nicht, wie »Restauration« hier verstanden wird, als ob der Kirche wesentliche Heilsmittel völlig abhanden gekommen wären und diese nun völlig neu von Gott eingesetzt würden.

So gibt es in der Tradition der Christenheit in allen Jahrhunderten prophetische und charismatische Gaben, auch wenn man sie nicht so genannt hat. »Erneuerung« bedeutet wohl ein neues Aufbrechen, Lebendigwerden bestimmter Charismen, aber *nicht* einen *totalen* Neuansatz. So sehen wir in unserem Jahrhundert bestimmte Akzentuierungen neu aufbrechender Geistesgaben, halten es aber für eine Vereinfachung, wenn gelegentlich das Wirken des Geistes in bestimmte »Etappen« und »Wellen« eingeteilt wird (z.B. „Spätregen", „Dritte Welle" oder „Prophetische Bewegung" - als ob nun besonders das Prophetische „dran" ist). Die Impulse Gottes sind in den verschiedenen Kirchen und kirchlichen Gemeinschaften oft sehr ungleichzeitig und viel komplexer, auch wenn es Entwicklungsstufen und unterschiedliche Phasen gibt.

Auch die Ankündigung eines neuen »apostolischen Amtes«, das jetzt von Gott wiederhergestellt (»restauriert« = neu eingesetzt) werde sowie die damit verbundene Lehre von einer »zweiten Runde« (round two) können wir als Katholiken nicht annehmen, als ob jetzt eine zweite Phase des Reiches Gottes auf Erden beginne, die »größer und besser« sei als die Urkirche (und auch besser als alle dazwischenliegenden Generationen) und die zugleich die letzte Phase der Kirchengeschichte bilde. In internen Gesprächen wurden solche Aussagen inzwischen von einigen Vertretern korrigiert - aber was ist in Umlauf? Was sagten und sagen sie in ihren eigenen Kreisen und Großveranstaltungen? Alle diese Fragen hängen zusammen mit der Auffassung über Eschatologie.

b) Leben wir heute in der „Endzeit"?

Zu dem Begriff „Endzeit" haben wir bereits oben (1.2) das Nötige gesagt. In pfingstlich-charismatischen Kreisen hört man häufig, daß *in unseren Tagen* die *letzte Phase der Kirchengeschichte* beginnt oder begonnen habe („the last days") und wir in diesem Sinne *»jetzt in der letzten Zeit«* leben - wobei es freilich unklar bleibt, wie lange diese Phase wohl sei. Eine solche *gegenwärtige* „Naherwartung" (s.o. 1.2) wird besonders akut, wenn etwa Paul Cain und Mike Bickle darauf ihre Botschaft von der „Neuen Generation" basieren, die Gott heute unter der Jugend - für die „letzte Zeit" - erwecke. Auf Rückfragen hin haben sie zwar betont, daß sie über den Zeitpunkt keine Sicherheit hätten, weder aus der Schrift noch aus Prophetien. Aber wie können sie dann heutigen jungen Menschen sagen, daß Gott unter *ihnen* diese „siegreiche Kirche der Endzeit" (s.u. 3.3) erwecke? Und wie haben es die Hörer verstanden?

Freilich gibt es auch die ausgesprochene oder unausgesprochene Meinung, es dauere noch lange mit der „Wiederkunft". Doch dies ist nicht *Lehre* der Kirche (s.o. 1.2). Und auch aus der Schrift läßt sich nicht erweisen, daß in unseren Tagen die Welt zu Ende geht (s.o. 1.3 und u.6). Darum kann man auch nicht rückfragen, ob nicht doch Gott in den tatsächlich „letzten" Tagen das Geheimnis lüfte und somit - heute - einigen Propheten eine solche Erkenntnis schenke. Steigert sich etwa im Augenblick die Naherwartung deshalb zur höchsten Dramatik, weil es *nun wirklich* (wie schnell?) dem Ende zugehe? Aber die Schrift sagt: Wir wissen es nicht!

In der Tradition hat man zudem mit den »letzten Tagen« oft vorwiegend schreckliche Ereignisse verbunden, während in der Prophetenbewegung eine Phase der *siegreichen Kirche* verheißen wird. Ist sie der anderen vorgelagert, gleichzeitig oder nachgeordnet? Paul Cain schreibt in dem „Kongreßmaterial" von Bern 91 (S. 5): „Wenn es stimmt, daß Gott" in den letzten Tagen „eine siegreiche Gemeinde möchte, dann müssen wir unbedingt *jetzt damit beginnen*, uns *auf die größte Erweckung aller Zeiten* vorzubereiten." Diesen Aussagen liegt also die Überzeugung zugrunde, daß wir „jetzt" in „den letzten Tagen" leben, also mehr oder weniger „unmittelbar vor seiner Wiederkunft" stehen. - Wie, wenn die Voraussetzungen nicht stimmen?

c) Das geistliche Umfeld

Solche Aussagen zu durchschauen ist oft deshalb so schwierig, weil die Menschen, die sie vortragen oder annehmen, häufig ein sehr engagiertes geistliches Leben führen und offensichtlich der Heilige Geist in ihrem Leben zu spüren ist (vgl.o. 1.4). Nun, Gott wartet ja nicht, bis wir perfekt sind, bevor er uns gebraucht. Wenn allerdings die Hörer nach einiger Zeit bemerken, daß manches nicht richtig war - werden sie dann auch das anzweifeln, was sie bei jener Verkündigung an *Wahrheit* gehört haben? Das wird zum Teil davon abhängen, wie wichtig dem einzelnen die endzeitlichen Ankündigungen waren. War die Beziehung zu Christus das Entscheidende, wird er eher bereit sein, solche Fehler zu korrigieren; stand aber die Sensation im Vordergrund, wäre er dadurch gerade von Christus abgelenkt worden, hätte sich in Phantasien verrannt und könnte sich dann vielleicht enttäuscht abwenden.

Auf jeden Fall müssen Prediger alles tun, um eine gediegene Verkündigung zu bieten, und müssen sich hüten, Wunschdenken und augenblickliche Eindrücke - und seien sie beim Beten gekommen - schon gleich als Botschaft zu verkünden. Es mag durchaus sein, daß Gott in solchen Zusammenhängen auch Erweckung schenkt; aber dann ist eben *dies* der wahre Kern, das „Endzeitliche" hingegen eine Überinterpretation. Denn hier scheint mir das eigentliche Problem zu liegen, das wohl jeder Christ kennt: wie schnell werden Gedanken über einen Schrifttext, geistliche Eindrücke oder Prophetien, persönliche Erfahrungen und Bedürfnisse oder Deutungen von Ereignissen im Menschen zu einer Einheit verwoben oder verschmolzen, ohne daß das Ergebnis genügend überprüft wird! Es scheint alles so plausibel.

Aber nur die Wahrheit wird uns frei machen (Joh 8,32)! Und dafür ist gesunde „Lehre" und eine vom Geist geleitete Theologie unerläßlich. Dabei bildet für uns die Lehre der katholischen Kirche (mit den üblichen Unterscheidungen von eigentlichen „Dogmen" bis zu „theologischen Meinungen" etc.) den Hintergrund und die Basis, weil wir darin die Führung des Heiligen Geistes durch die Jahrhunderte erkennen. In diesem Sinne ist für uns Katholiken - im Unterschied zu manchen Freikirchen - neben der biblischen eine „dogmatische" Argumentation etwas Positives.

Sofern also die Überzeugung, daß wir *jetzt* in der letzten Phase leben, innerhalb einer bestimmten Denomination als *Lehre* vorgetragen wird, müssen wir uns als Katholiken davon distanzieren. Bei ökumenischen Veranstaltungen aber darf man erwarten, daß solche Anschauungen bewußt zurückgehalten werden, um in diesem Fall das Gemeinsame zu betonen und das Trennende zurückzustellen. Da Endzeiterwartungen aber praktisch meist mit (auch anderen) *prophetischen* Worten verbunden erscheinen, geht es *in unserem Zusammenhang* nicht nur um unterschiedliche Lehrauffassungen, sondern zugleich auch darum, an der theologischen Lehre den *Inhalt von prophetischen Aussagen* zu prüfen.

Tatsächlich wird nach meiner Kenntnis in freikirchlichen Kreisen die *Gegenwärtigkeit* der Endzeit, also die Fixierung auf einen „nahen" Zeitpunkt, letztlich auch nicht durch Schrifttexte begründet, sondern durch Zeichen und Prophetien. So berief sich Jack Deere darauf, daß z.B. ein junger Mann den Zusammenbruch der Bay-Bridge voraussah (aber das muß nicht einmal Prophetie sein, solche Vorausahnungen gibt es häufig und sie sind oft natürlicher Art), daß jetzt Männer mit besonderen prophetischen Gaben auftreten oder daß jemandem bestimmte Inhalte ‚offenbart' worden seien. Doch sind auffallende Wirkungen Gottes noch nicht Anzeichen für eine Zeitangabe über das Ende. Manchen unserer Gesprächspartner schien zu wenig bewußt zu sein, daß es durch die ganze Kirchengeschichte hindurch immer wieder Prophetien, Wunder und Zeichen gegeben hat. In diesem Sinne wird jede *echte* Prophetie, wenn sie bereitwillig aufgenommen wird, dahin führen, daß wir bereit sind und von der Wiederkunft des Herrn nicht wie vom „Dieb in der Nacht" überrascht werden (1 Thess 5,1-11; vgl. u. 6.2).

Wenn aber die Überzeugung, daß wir jetzt in der letzten Phase der Kirchengeschichte leben, auf Prophetien beruht, sind wir genau bei der Frage, um die es in diesen Auseinandersetzungen geht: Sind Prophetien, die eine solche Ankündigung zum Inhalt haben, echt? Sie können selbstverständlich nicht an sich selbst geprüft werden. Gemeinsam anerkannte Maßstäbe sind vielmehr die Schrift und die Gabe der Unterscheidung. Während es nun für viele andere Prophetien im pfingstlich-charismatischen Bereich eine unbestrittene gemeinsame Glaubensgrundlage gibt, ist das hier nicht der Fall.

3. Dokumentation des Dialogs 65

Als Katholiken müssen wir jedenfalls generell Bedenken anmelden, und alle Beteiligten sollten - sofern sie im Dialog bleiben wollen - diese gegenseitige Infragestellung aushalten. Das Geschenk des ökumenischen Miteinander besteht u.a. darin, daß wir trotz verschiedener Überzeugungen, die wir respektieren, jeweils das Maß von Einheit suchen, das uns möglich ist. In diesem Zusammenhang kann es dann schmerzlich sein, an bestimmten Punkten sagen zu müssen: „Hier können wir nicht mitgehen."

3.3 Zu einigen „Schriftbeweisen"
Die Lehre von einer „siegreichen Kirche der Endzeit" wird von Paul Cain mit Berufung auf die Heilige Schrift vorgetragen. So wollen wir einige seiner Schriftauslegungen überprüfen. Die Basis christlicher Verkündigung ist die Heilige Schrift in der Hand einer lebendigen Glaubensgemeinschaft, das heißt für uns Katholiken: unter der Leitung des Geistes, die Gott durch die Geschichte hindurch den Gläubigen in Einheit mit dem bischöflichen Lehramt gibt. Werden wir unten (Kapitel 4) mehr die *persönliche* Schriftauslegung betrachten, geht es hier darum, wie die Heilige Schrift *in Lehre und Verkündigung* gebraucht wird.

Die Unterscheidung zwischen *direktem* und *angewandtem Schriftsinn*, zwischen *allgemeinen und partikulären (d.h. situationsgebundenen) Aussagen* führt zu der Einsicht, daß partikuläre Aussagen der Heiligen Schrift zwar manchmal vom Heiligen Geist auf andere Situationen „angewandt" werden, aber nicht von uns aus „übertragen" werden dürfen. Dies wird unten (4.2) weiter erklärt werden. Soweit partikuläre Aussagen Zeugnischarakter haben, sind es eben ermutigende oder warnende „Beispiele"; Verheißungen und Strafandrohungen hingegen erlauben nur einen behutsamen Analogieschluß (Übertragung unter Berücksichtigung der je anderen Umstände), selbstverständlich immer unter der Führung des Geistes. Somit ist klar, daß *in Verkündigung und Lehre* ein Text nur direkt

„angewendet" werden kann, wenn dies unmittelbar als Anruf oder Auftrag des Geistes erfahren wird - was dann entsprechend zu prüfen ist. So etwas geschah zum Beispiel, als neutestamentliche Schriftsteller den Tod Jesu als das Sinnziel des Osterlammes oder Petrus das Pfingstereignis als Erfüllung von Joel 3,1-5 deuteten. Derartige „Anwendungen" haben dann selbst die Qualität einer Offenbarung; sie stehen bei den soeben genannten Beispielen unter der Schriftinspiration.

a) Prüfung einiger Schriftauslegungen
Hintergrund für die Lehre der „Prophetenbewegung" von einer siegreichen Kirche der Endzeit sind viele Artikel und Vorträge ihrer Vertreter, doch beziehe ich mich jetzt vor allem auf einige Äußerungen von Paul Cain im „Kongreßmaterial Bern 91, S. 5-7", die auch von John Wimber vertreten wurden.

Paul Cain beginnt: »Ich glaube, daß die Schrift lehrt, daß in den letzten Tagen eine siegreiche Kirche sein wird", und „sie wird sich durch vier herausragende Merkmale auszeichnen: Vollmacht (power), Reinheit (purity), Einheit (unity), Intimität (intimacy)." Seine vier Beweisgänge aus der Schrift lauten:

Zu 1. (»power«): „Einzigartige *Vollmacht*: In den letzten Tagen wird eine ganz besondere Ausgießung des Heiligen Geistes mit Zeichen und Wundern, Prophetie und Evangelisation stattfinden. In Joh 14,12 heißt es: Wer an mich glaubt, wird die Werke auch tun, die ich tue, und wird größere als diese tun." Damit seien „größere Wunderwerke" gemeint; „die Erfüllung dieser Verheißung" aber stehe noch aus, denn bisher hätten „die Jünger nie größere Werke als Jesus getan, z.B. das Wandeln auf Wasser, die Stillung des Sturmes oder die Speisung der 5000." Und dies werde kurz vor dem Ende geschehen, denn Offb 11,3-6 bestätige, daß „in der Endzeit die beiden prophetischen Zeugen Wunder vollbringen, die sogar die Wunder Jesu auf Erden übertreffen."

3. Dokumentation des Dialogs 67

Stellungnahme: Aber Jesus sagt nicht, daß *erst die Menschen kurz vor seiner Wiederkunft* „größere Werke" tun werden, sondern „wer an mich glaubt". Diese allgemeine Aussage darf also nicht auf eine bestimmte Zeit eingeengt werden. Folglich muß sie in einem Sinne gemeint sein, der zu allen Zeiten auf die Glaubenden angewandt werden kann. Außerdem: Wer kann nachweisen, daß in der Kirchengeschichte bisher nie „größere Wunderwerke" geschehen seien? Weiß Paul Cain, was aus den verschiedenen Epochen und dem Leben vieler Heiliger berichtet wird? Außerdem folgt aus dem Schrifttext nicht, daß dieses »Größere« die »siegreiche«, mit einer einzigartigen Vollmacht zum Wunderwirken ausgestattete Kirche *in den letzten Tagen* sei. So etwas könnte sich ja auch in einem anderen, noch vor uns liegenden Abschnitt der Kirchengeschichte ereignen, dem dann weitere folgen. Der Hinweis auf die zwei Zeugen aus Offb 11,3-6 besagt ebenfalls nicht, daß so etwas „nur" in den „letzten Tagen" geschehen werde (vgl.o. 1.3), ganz abgesehen davon, daß damit immer noch nicht erwiesen ist, daß diese Tage *jetzt* angebrochen seien und daß die Erfüllung jener vermeintlichen „Verheißung" sich gerade in den Vertretern der Prophetenbewegung und unter ihren Hörern ereigne.

Die genannten Aussagen werden lehrmäßig wie ein Schriftargument vorgetragen, nicht etwa als prophetische Ankündigung. Doch beruht das „Argument" genau besehen auf einer sehr subjektiven Deutung der Geschichte, einer vordergründigen Auslegung der Texte und auf unbegründeten Schlußfolgerungen. Wie häufig wurde die Offb des Johannes schon phantastisch ausgelegt und mißbraucht! Und daß sich in der Endzeit „mehr Menschen bekehren als bei früheren Erweckungen", läßt sich zudem nicht mit Hinweis auf „Offb 7,9.13-14" begründen; das wiederholte „und die Menschen bekehrten sich nicht" (vgl.o. 1.3 sowie u. 8.2) würde eher in die entgegengesetzte Richtung weisen. Beides aber wäre eine illegitime Festlegung dieser Texte auf eine konkrete geschichtliche Situation. Doch werden dort auf bildhafte Weise Grundkräfte der Welt- und Heilsgeschichte dargestellt (vgl. o. 1.3 und u. 8.3).

Zu 2 (»purity«): Ein zweites herausragendes Merkmal der Kirche der Endzeit sei eine „einzigartige *Reinheit*". Dabei werden Mal 1,3-3, Eph 5,27 und Offb 19,7-8 kombiniert, um nachzuweisen, daß die *Kirche in den letzten Tagen* besonders rein sein werde.

Stellungnahme: Aber Mal 3,1-3 wird von den neutestamentlichen Autoren bereits auf die Zeit des Messias angewandt, Eph 5,27 handelt von dem Werk Christi vor und nach seiner Auferstehung, und Offb 19,7-8 spricht nicht von der innergeschichtlichen Kirche, sondern meint unter dem Bild der Braut die Gesamtheit aller Erlösten (vgl. Offb 21.3.9). Aus diesen Texten folgt also nichts für eine besondere Phase der Kirche kurz vor dem Ende, und schon gar nicht, daß es dann - nach einer Prophetie von Bob Jones (vgl. o. 2.2,3 und 5!) - eine sündenlose Gruppe von Zeugen geben werde.

Zu 3 (»unity«): Aus Joh 17,20-23 und Eph 4,11-13 wird abgeleitet, daß der Kirche in ihrer letzten Phase eine »besondere« *Einheit* zugesagt sei. Paul Cain geht davon aus, daß jene Bitte Jesu um Einheit noch nicht erfüllt worden sei, also ihre Erfüllung noch ausstehe; „denn es ist undenkbar, daß der Vater das Gebet seines Sohnes nicht erhört".

Stellungnahme: Aber folgt daraus, daß dies (nur) in den letzten Tagen geschehen werde? Und welche Art von „Einheit" wäre gemeint? Hat nicht die Erfüllung der Bitte Jesu bereits an Pfingsten begonnen? Freilich, die Christenheit ist gespalten, und manchmal scheint es fast, je länger um so mehr. Aber heißt dies, daß das Gebet Jesu in dieser ganzen Zeit unwirksam gewesen sei? Sind nicht die vielen einzelnen Schritte, welche die Christen immer wieder zur Einheit hin getan haben, eine tägliche Erhörung jener Bitte? Jene Einheit ist ja doch grundlegend eine Einheit der Herzen, in Wahrheit und Liebe, nicht eine äußerlich perfekte großartige Manifestation.

In all diesen Texten ist darum nirgends ein Ansatzpunkt für die Behauptung, daß die letzte Generation im Vergleich zu den anderen Generationen „unvergleichlich in der Einheit" sein werde. *In dem Maß* aber, wie Einigkeit unter den Christen vorhanden ist, wird dies immer wieder für die Welt zum Motiv, an Jesus zu glauben. Daß jedoch die Bitte Jesu schon in dieser Weltzeit einmal zu einer *perfekten, äußerlich sichtbaren* Einheit führen *müsse,* und zwar erst kurz bevor Jesus wiederkommt, ist aus diesen Worten nicht zu schließen.

Auch aus Eph 4,11-13 ist nicht eine besondere Stufe der Einheit vor dem Ende abzuleiten. Die Dienste, die Gott eingesetzt hat, sollen *hinarbeiten* auf jene Einheit. Aber das heißt nicht, daß die »vollkommene Gestalt« jemals in dieser Zeit erreicht werde. Es ist eher umgekehrt: Bis zum Ende der Zeit werden wir nicht fertig mit der Evangelisierung (vgl. Mt 10,23), und auch die Kirche wird bis dahin eine Kirche von Sündern sein. Darum wird es bis zum Jüngsten Tag nicht zu einer „vollendeten Einheit" kommen, obwohl wir uns, gestützt auf das Gebet Jesu, mit allen Kräften um eine immer bessere Einheit bemühen müssen.

Gerade als Katholiken wissen wir um die Gefährdung der Kirche, mit Triumphalismus aufzutreten, sei es durch weltliche oder kirchliche ‚Macht', sei es mit Gesetzen oder eindrucksvollen ‚Erfolgen' wie Zeichen und Wundern oder großen Bekehrungswellen. Die katholische Kirche wußte immer, auch in Zeiten, in denen sie nach außen hin Macht und Missionserfolge zeigte, daß sie trotz aller von Gott geschenkten, unzerstörbaren, objektiven Heiligkeit (etwa im Wort und in den Sakramenten) selbst eine Versammlung von Sündern ist und der täglichen Buße bedarf. Das „Gericht am Hause Gottes" wird erst am Jüngsten Tage beendet sein. Wir möchten unsere evangelischen und freikirchlichen Schwestern und Brüder eindringlich bitten, nicht der Versuchung eines »charismatischen Triumphalismus« zu verfallen. Gewiß wird Gott immer wieder seine erlösende Macht zeigen, aber die Gefäße, die diesen Schatz tragen, bleiben schwache Menschen (2 Kor 2,10; 4,7).

Zu 4 (»intimacy«): „Einzigartige *persönliche Beziehung zu Gott*" sei das vierte Kennzeichen „der Kirche der letzten Tage". Paul Cain schließt das aus Offb 14,1, „sein Name wird auf ihrer Stirn geschrieben stehen"; dies bedeute, „daß ihre Gedanken unter den Gehorsam Christi gefangengenommen werden (2 Kor 10,3-5)."

Stellungnahme: Man wird zunächst stutzig, weil hier gegen eine Grundregel geistlichen Lebens verstoßen wird, nämlich: „Man soll die Heiligen nicht vergleichen". Es ist weder unsere Sache, eine Gruppe von Christen für „mit Gott vertrauter" als eine andere zu halten, noch ist es die Art Gottes, uns solches über uns selbst zu offenbaren (schon deshalb nicht, weil es eine Gefahr für die Demut wäre).

Ferner ist die Verknüpfung von Offb 14,1-5 mit 2 Kor 10,3-5 ungerechtfertigt, weil die Texte ganz verschiedene Verhaltensweisen im Auge haben: Wenn Paulus sagt, daß er selbst „jedes Denken, das Gott widerspricht, in Gefangenschaft führt", ist damit eine Überführung der Falschlehrer in der Gemeinde durch den Apostel bezeichnet (ob sie sich dann bekehren oder nicht, bleibt offen). In Offb 14,1-5 hingegen ist von Menschen die Rede, die sich gern und freiwillig dem Lamm untergeordnet haben und Gott *lieben*. Wenn Paul Cain nun das Verhalten derer, die aus Liebe dem Lamm folgen, durch einen Text charakterisiert, der eine Überführung von widerspenstigen Menschen bezeichnet, werden damit Texte zur gegenseitigen Interpretation herangezogen, die etwas Gegenteiliges aussagen. Der zweite drückt gerade nicht die „Intimität" aus, die aus jenem Text aus Offb abgeleitet wird. Außerdem steht in 2 Kor 10,3-5 nichts davon, daß diese Feinde „gefangengenommen und *geheiligt*" werden. Es gibt ja zwei Arten von „Gefangenschaft": eine, in die der Mensch sich freiwillig begibt durch die Bekehrung und Annahme der Heiligung, und eine andere, in die er gezwungenermaßen weggeführt wird. Diese beiden Arten muß man auseinander-

3. Dokumentation des Dialogs 71

halten, weil sie gerade die beiden Lager im Gericht bezeichnen. Auch darum ist die Kombination jener Texte nicht zulässig.

In den „144 000" aber, die vor dem Lamm „auf dem Berg Zion" stehen, die irdische *Endzeitkirche* (die gesamte? einige Auserwählte?) zu sehen, ist illegitim, wie aus der Gesamtdeutung der Offb hervorgeht (s.o. 1.3 und u. 8.3). Und in dem Kampf gegen seine Gegner, die „falschen Apostel", sagt Paulus nichts darüber, wann oder wie schnell sie „gefangengenommen" werden. Noch viel weniger kann man durch eine Übertragung dieses Textes auf andere Situationen im Analogieschluß zu dem Ergebnis kommen, so etwas werde in jener anderen Situation in vollkommener Weise gelingen. Der „Kampf" wird letztlich erst vollendet am Jüngsten Tag, das heißt aber *durch die Wiederkunft Christi selbst, nicht vorher.*

Wenn anderswo auf 1 Kor 15,24-28 als Stütze hingewiesen wird, so werden in jenem Text die „Feinde" am Ende *gegen ihren Willen* „unterworfen". Etwas völlig anderes ist es, in dieser Weltzeit darauf zu hoffen, daß durch den Erweis der „machtvollen Waffen Gottes" (2 Kor 10,4) sich Menschen bekehren und heiligen lassen. Doch ist der Schriftsinn von 2 Kor 10,5 nicht, daß durch den „Dienst der Letzten Tage" schon *innerhalb dieser Weltzeit* „jeder Gedanke in den *Gehorsam* Christi gefangengeführt werde". Das enthält mehrere gedankliche Fehler, u.a. den, daß aus einem allgemein formulierten Finalsatz (*Absichts*-satz) eine konkrete, und zwar „einzigartige" *Aussage* über das Ende abgeleitet wird.

Als dritter Text für eine „einzigartige Intimität mit Gott in der Endzeit" wird Joel 3,1-5 angeführt. Aber jener Schrifttext enthält keinen Hinweis auf eine *besondere* Geistausgießung in unserem Jahrhundert oder Jahrzehnt oder am Ende der Zeit. Er wird bereits von Petrus auf das Pfingstgeschehen angewendet und seitdem auf die ganze Kirchengeschichte. Es gibt auch kein Anzeichen im Text, daß der Autor der Apg die Verse Joel 3,3f (= Apg 2,19f) *im Unterschied zu den vorangegangenen Versen* (= Apg 2,17f) auf eine (fernere?) *Zukunft* beziehe. Vielmehr wird Joel 3,1-5 so zitiert, daß der Text *als ganzer damals* zutreffe, so daß bereits von da an „jeder, der den Herrn anruft, gerettet wird". Derartige Zitate kann man nicht so auseinanderreißen. Wenn man meint, die „Zeichen am Himmel" (Apg 2,19) seien aber noch nicht erfüllt, so hat der Autor der Apg offenbar keine Schwierigkeit, diese Bildaussagen in dem Pfingstereignis erfüllt zu sehen. Sonst würde er sie von dem Vorherigen absetzen. Er weiß offenbar, daß prophetische Worte oft eine starke Bildsprache haben, die letztlich eine tiefere Wirklichkeit meinen. Und insofern geschahen an Pfingsten „Wunderzeichen an Himmel und Erde", auch in den Feuerzungen, dem „Brausen wie ein Sturm" und der Erschütterung des ganzen Hauses.

In anderem Zusammenhang wird von Paul Cain damit, daß die „Endzeitdiener" eine besondere „Intimität" mit Gott hätten, die Aussage verbunden, sie würden dadurch vor dem Martyrium bewahrt. So richtig es ist, daß eine tiefe Beziehung zu Gott für uns ein geistlicher Schutz ist, so falsch wäre es, daraus abzuleiten, daß wir dementsprechend um so mehr auch vor Krankheit, äußeren Schäden oder Verfolgung geschützt wären. Die frühe Kirche betrachtete es als eine besondere Gnade, wenn jemand des Martyriums gewürdigt wurde. Ob im Einzelfall Mk 16,18 („wenn sie Tödliches trinken, wird es ihnen nicht schaden") oder Joh 21,18f („ein anderer wird dich gürten und führen, wohin du nicht willst") zutreffend ist (also: „angewendet wird", vgl. u. 4.2), ist allein Gottes Sache. Erst recht ist es unbiblisch zu sagen, daß eine ganze „Generation" (eine große Gruppe von Erwählten) äußerlich (und innerlich?) „unbesiegbar" sein werde; es ist zudem pastoral unverantwortlich, denn es wiegt die Hörer - die das gern auf sich beziehen - in einer falschen Sicherheit. Sofern jene „Propheten" der Überzeugung sind, so etwas als Prophetie empfangen zu haben, ist diese „Prophetie" aufgrund der Inhalte zurückzuweisen. Sie aber gar als biblische Lehre vorzutragen, ist unhaltbar.

3. Dokumentation des Dialogs 73

b) Ihr wißt weder Tag noch Stunde
Bei den hier vorgelegten und vielen ähnlichen „Auslegungen" scheint folgende Grundstruktur vorzuliegen:
Obersatz: Ein bestimmter Text sagt etwas Spezifisches über die „letzten Tage";
aber(1. Untersatz): dies meint die letzte Phase = Endphase der Christenheit, also den Abschnitt unmittelbar vor der Wiederkunft im Unterschied zu anderen Phasen der Kirchengeschichte;
aber(2. Untersatz): jetzt ist (oder beginnt) diese „Endphase"; also: kann man den Text direkt (spezifisch) heute anwenden.

Ein Denkfehler liegt zunächst darin, daß der Begriff „letzte Tage" unbesehen auf die Endphase der Geschichte angewendet wird ohne zwischen „Endzeit" im weiteren und engeren Sinne des Wortes zu unterscheiden (vgl. o. 1.2). Ferner wird die anderswoher gewonnene Überzeugung, wir lebten jetzt in der Endphase (im engeren Sinne), unreflektiert mit einem Schrifttext verwoben (z.B. Joel 3), so daß man schließlich das Ergebnis wie ein Schriftargument empfindet. Darauf befragt, geben die Vertreter der Prophetenbewegung durchaus zu, daß die Schrift uns keine absolute Zeitangabe über die Wiederkunft gibt. Dann aber muß der zweite Untersatz auf andere Weise begründet werden. Wenn jedoch Texte wie Joel 3,1-5 im Neuen Testament allgemein auf die Zeit von Pfingsten bis zur Wiederkunft angewandt werden, muß man es eigens begründen, wenn man darin *zugleich* einen *speziellen* Sinn für die *Endphase* zu erkennen glaubt - was nur durch eine besondere Offenbarung möglich wäre. Ebenso müßte man es eigens begründen, wenn man eine partikulär verstandene Verheißung (etwa die eines besonderen „Dienstes in den letzten Tagen") auf eine *bestimmte Gruppe von Menschen* anwendet. Der Sache nach sind solche Argumentationen Schritte, die meist unbewußt ablaufen; sie müssen aber bei einer Rechenschaft über die Anwendung bestimmter Schrifttexte ins Wort gebracht werden.

Bleiben wir offen dafür, daß Gott seine Herrlichkeit in der Kirche immer wieder neu aufstrahlen lassen möchte; aber daß sie in der Endzeit heller sein werde als je zuvor und die gegenwärtige (pfingstlich-charismatische oder eine sie noch übertreffende?) Erneuerung die „letzte" sei, das möge man bitte nicht als Aussage der Schrift oder Ergebnis von Schriftauslegung vertreten. Vielmehr sollten wir den Bußruf der Schrift und die persönliche Entscheidung ernstnehmen, zum Herrn umkehren, von ihm Großes erwarten und den Zeitpunkt des Endes (Apg 1,7) sowie die Frage, ob die gegenwärtige oder anbrechende Erneuerung die letzte und größte sei, ihm überlassen.

Darum ist der Schlußsatz von Paul Cain: „Wenn es stimmt, daß Gott eine siegreiche Gemeinde möchte, dann müssen wir unbedingt jetzt damit beginnen, uns auf die größte Erweckung aller Zeiten vorzubereiten", genau zu prüfen. Tritt hier nicht das Motiv geistlichen „Erfolgs" in den Vordergrund - ganz abgesehen davon, daß die Voraussetzung nicht stimmt? Wird nicht die Endzeitkirche in gleichem Maße auch die Kirche in der Nachfolge des Gekreuzigten sein (Mk 8,34; 2 Kor 4,7-12; 6,1-10; Gal 3,2)? Sonst könnte es sein, daß eine solch „siegreiche Kirche" mehr unseren Träumen als seiner Verheißung entspringt. Und wird damit in den Lesern wirklich die Liebe zu Christus geweckt? Ungeläuterte Motivation führt leicht zu Fanatismus oder Resignation, sobald die Vorstellungen sich nicht erfüllen.

Der ganze Dialog zeigte deutlich, wie schnell eine isolierte Bibelinterpretation in die Irre gehen kann - und so etwas gibt es auch sonst immer wieder! Man *meint*, nur die Schrift auszulegen, und merkt nicht, wieviele menschliche (Kurz-) Schlüsse in den Gedankengang einfließen. Dies ist einer der Gründe, warum alle Schriftauslegung - ob wissenschaftlich oder in Bibelkreisen - immer kirchlich integriert sein muß, eingebunden in das seit zwei Jahrtausenden vom Lehramt geschützte Meditieren der Schrift.

3. Dokumentation des Dialogs

3.4 Prüfung der Prophetien

Im Rahmen unseres Dialogs kamen immer wieder auch konkrete Prophetien zur Sprache, um deren Prüfung wir uns bemühten. Hier nun einige Ergebnisse. (Positives und Grundsätzliches zu dieser Gabe s.u. 5). Die Notwendigkeit einer „Prüfung" (vgl. 1 Kor 12,10 und 14,29) setzt voraus, daß wir *mit Täuschungen rechnen müssen*, und zwar nicht nur, um Betrug zu entlarven, sondern vor allem, weil der Betreffende und auch die Angesprochenen sich irren können. In einem *weiteren Sinn* hat jeder Gläubige Anteil an dem »Prophetendienst« Christi. Aber im folgenden geht es nur um die *besondere Gabe* der Prophetie, die lediglich »dem einen oder anderen« gegeben wird (1 Kor 12,10 und 1 Kor 14: Prophetie *im engeren Sinn* des Wortes).

a) Wer und wo sind die Prüfenden?

Von wem sollen Prophetien geprüft werden? Richten sie sich an einzelne oder kleine Gruppen, dann von der angesprochenen Gruppe oder Gemeinde selbst (1 Kor 14,29); sie ist gleichsam die „erste Instanz", weil sie ja der Adressat ist, den Vorgang unmittelbar erlebt und den Sprecher persönlich kennt. Darum müssen bei jeder einzelnen Versammlung Prophetien so vorgetragen werden, daß die Gemeinde sich aufgefordert fühlt, in Ruhe mitzuprüfen. Darüber hinaus muß sie sich als ganze in einen größeren kirchlichen Kontext (Denomination, Konfession, Ökumene) eingebunden wissen. Für Katholiken ist alle Prüfung rückgebunden an die Bischöfe mit dem Papst (s. Vatikanum II, Kirchenkonstitution 12). So steht z.B. die Charismatische Erneuerung als solche unter der Leitung dieser Ämter. Im ökumenischen Miteinander aber erwarten wir von einer Gruppe von Propheten, die in dieses ökumenische Feld hineinsprechen, daß sie ihre Brüder und Schwestern nicht nur als Hörer, sondern zugleich als Prüfer ihrer Prophetien verstehen. Problematisch ist es, wenn prophetische Worte stark mit rhetorischen Mitteln unterstrichen oder, auch in

Veröffentlichungen, so präsentiert werden, daß sie keine Rückfrage mehr zuzulassen scheinen.

Für unseren Fall sahen wir schon, daß die Frage nach dem Zeitpunkt nicht aus der Schrift, sondern letztlich nur aus prophetischen Impulsen begründbar wäre. Grundlegende Botschaften wie die Ansage der Wiederkunft Christi in allernächster Zeit aber beträfen die Christenheit als ganze. Sie müßten sich also dem Test der Gesamtheit der Gläubigen stellen und darum nicht mit einer absoluten Sicherheit vorgetragen werden, sondern in einer Art, welche die Bereitschaft zu einer Prüfung durch die jeweiligen geistlichen Autoritäten erkennen läßt. Konkret hieße das: Nachdem so etwas in der eigenen Denomination angenommen ist, wäre es von den Propheten und ihren Leitern in den ökumenischen Dialog einzubringen mit der Bitte um Prüfung.

Freilich zeigt sich hier die ganze Misere der Kirchenspaltung, insofern der Sinn für Dialogbereitschaft mit anderen Propheten sowie der Sinn für kirchliche Autorität unterentwickelt ist oder diese Prinzipien nicht zu Ende gedacht sind. Doch da man bei ökumenischen Treffen davon ausgeht, das Gemeinsame zu betonen und das Trennende nicht zu leugnen, muß man die Spannung aushalten. Hinzu kommt die Unklarheit unserer Dialogpartner, daß sie in Lehre und Verkündigung wie selbstverständlich über die „gegenwärtige Endzeit" sprechen, aber auf Befragen zugeben, sie hätten keine Sicherheit darüber (vgl.o.3.1c>; 3.2b>).

b) Die Inhalte der Prophetien

Weiterhin sind die *Inhalte* zu beachten. Passen die Prophetien wirklich zur Grundbotschaft des Evangeliums? Für unseren Fall: Es ist im Grunde der gleiche Fehler zu meinen, wir wüßten, daß die Wiederkunft noch lange ausstehe wie, daß sie ganz nahe vor der Tür stehe. Vielmehr müssen wir jeden Augenblick mit ihr rechnen, ohne zu »wissen«, ob sie jetzt oder erst viel später sein wird! Der Grund ist, damit wir in ständiger Wachsamkeit leben (vgl.o. 1.3 und 4). Wir dürfen unsere Sicherheit nicht in dem Wissen von Zeit und Stunde suchen, sondern nur in der vertrauensvollen Beziehung zu Jesus, unserem Retter.

Ferner entspricht es nicht der Heilsführung Gottes, denen, die er beruft, das *Bewußtsein* zu vermitteln, *sie seien »besser«* als andere oder als ihre Vorgänger. So widerspricht es gesunder biblischer Lehre ebenso wie der geistlichen Tradition unserer Kirche, wenn in der Prophetie und Lehre über „Joels Army" (in Auslegung und Anwendung von Joel 2,1-11) zu einer ganzen Gruppe von Menschen im Namen Gottes gesagt wurde, sie würden nicht mehr sündigen (vgl.o. 3.3 a> „Zu 2" und „Zu 4"). Abgesehen davon, daß so etwas schnell zu einer falschen Selbstsicherheit verleiten kann, müssen wir die Rettung von Gott her in Glaube und Hoffnung erwarten und empfangen. Solange der Mensch in dieser Welt lebt, bleibt er anfällig für die Versuchung der Sünde. Wohl gibt es bei den Schriftpropheten ‚Verwerfung' von Menschen und Ankündigung eines ‚größeren Werkes als bisher', aber der Gerufene weiß gerade in der Berufung um seine Sündigkeit und Gefährdung.

Zudem sagen jene „Propheten" nicht deutlich, wer zu dieser gegenwärtigen »Armee Gottes« gehöre. So könnte man sich in jedem einzelnen Fall herausreden, daß dieser oder jener, von dem man zunächst meinte, er gehöre dazu, tatsächlich doch nicht gemeint gewesen sei. (Eigene Schuld wäre bei dieser Art Zusage schwerlich als Grund anzugeben.) Diese Prophetie verfällt damit in eine völlige Beliebigkeit und ist somit suspekt. – Generell lernen wir daraus, vorsichtig zu sein, sobald eine Prophetie den Empfängern eine große Zukunft im Dienste Gottes voraussagt und sozusagen ‚ihr Image aufbaut'; der Unterschied zu echter „Auferbauung", die Mut macht, ist manchmal nicht leicht zu erkennen.

Ähnliches gilt für die Ankündigung einer »neuen apostolischen Generation« mit einer besonderen geistlichen Vollmacht. Auf Rückfragen hat zumindest John Wimber betont, daß er dabei nicht an eine Einsetzung einer neuen „Amtsautorität" denke - obwohl die neuen Gemeinden sich schon fragen lassen müssen, wie sie Autorität in ihren Gemeinden begründen. Spirituell gesehen ist es sehr bedenklich, zwischen vollmächtigeren Autoritätsträgern und anderen zu unterscheiden. Das Wesen des Amtes ist es gerade, daß es in einer gewissen Unabhängigkeit von der Person des Trägers durch alle Zeiten hindurch von dem Wirken Gottes getragen wird. Zudem verführt ein solches Denken dazu, Autoritätsträger miteinander zu vergleichen und dann sich demjenigen zuzuwenden, der nach eigenem, subjektivem Urteil der »stärkere« sei. Aber das wäre geradezu die Auflösung kirchlichen Leitungsdienstes.

c) Art und Weise der Propheten und Prophetien

Als Nächstes ist auf die *Art und Weise* zu achten, in der prophetische Beiträge *vorgebracht* werden. So stimmt es bedenklich, sobald prophetische Äußerungen den Eindruck der Übertreibung machen oder wenn „Propheten" in großen Gruppen auftreten. Die alttestamentlichen Schriftpropheten sind meist einzelne Gestalten, mit wenigen Schülern, und ähnlich die Propheten der Kirchengeschichte oder die Starzen der Ostkirche, während die „Prophetenschulen" mit ihren vielen Anhängern eher in der Gefahr einer Verflachung standen, etwa die prophetischen Gegner bei Jeremia und Ezechiel. Auch in der Urkirche scheint es solche ‚Schulen' nicht gegeben zu haben. In jedem Fall aber gehört zum Propheten ein sehr persönlicher Reifungsvorgang.

Bei so breitgestreuter und globaler Ermutigung zu prophetischem Dienst, wie sie in den besagten Konferenzen geschehen, muß man außerdem erhöht damit rechnen, daß lediglich Naturanlagen geweckt werden, welche der einzelne dann vorschnell für Prophetie hält. Etwas Ähnliches gilt, wenn nach einem Gebet zum Heiligen Geist die spontanen Regungen zu unbesehen als Wirkungen des Heiligen Geistes betrachtet werden, wie es bei dem Wimber-Kongreß in Frankfurt/M zu beobachten war. Und immer muß eine Einzelprophetie darauf

3. Dokumentation des Dialogs

geprüft werden, ob sie den Menschen zur Nachfolge Jesu hilft oder mehr die Neugier und Sensationslust nährt. Dies macht noch einmal verständlich, warum ein Prophet nie isoliert, sozusagen im luftleeren Raum, auftreten darf, sondern nur unter dem Schutz kirchlicher Autorität - auch wenn er dieser Autorität selbst unangenehme Dinge zu sagen hat. Die Geschichte der Heiligen zeigt das zur Genüge.

Dies führt dazu, nach der *Art und Weise der prophetischen Impulse selbst* zu fragen. Wir müssen ja damit rechnen, daß der Versucher „sich in einen Engel des Lichtes kleidet" (2 Kor 11,14) und gute und fromme Gedanken eingibt (Mt 4,1-11). Der Fehler ist dann nicht an den Inhalten zu erkennen (denn diese scheinen gut zu sein), sondern vor allem an der Art und Weise der einzelnen »geistlichen« Eingebung und Erfahrung selbst - wie es die gute geistliche Tradition lehrt (vgl. u. 5.2). Darum sind *Person und Dienst/Amt* zu unterscheiden. Es ist wichtig, daß der Prophet »die Art des Herrn hat« (Did 11,8: s.u. 5.5); aber auch dann kann er sich bei einem einzelnen Dienst täuschen.

Andererseits kann es sein, daß jemand einen wirksam erscheinenden Dienst tut und dennoch moralisch versagt (Mt 7,22f; 1 Kor 4,4; 2 Kor 2,10). Selbstverständlich müssen wir uns bemühen, die Kluft zu überwinden. So ist bei einer Prüfung darauf zu achten, ob die prophetischen Vorgänge eingebettet sind in *Ehrfurcht vor Gott* und ob sie begleitet werden von *Friede und Freude im Heiligen Geist*. Dabei ist nicht nur die Befindlichkeit des Propheten selbst gefragt, sondern ebenso die der Betroffenen. In einem kleinen Kreis beginnt ein solcher Schritt der Prüfung damit, daß einzelne mitteilen, wie ein Wort auf sie - unter Ausrichtung auf Gott - wirkt (gewirkt hat; vgl. u. 5.2). Bei großräumig angelegten Prophetien wird das schwieriger, muß aber nach demselben Prinzip geschehen. Wenn die Vortragenden sich in Positur setzen oder positive Zustimmung herausfordern, wird die Gemeinde nicht als Partner in einem geistlichen (Prüfungs-) Prozeß ernstgenommen und man wird schmerzlich an Kol 2,18 erinnert.

Das *allgemeine Reden/Lehren* eines Propheten ist darum zu unterscheiden von einer *Einzelprophetie selbst* und diese nochmals von ihrer *Deutung*. Nur bei einer Einzelprophetie stellt sich die Frage nach göttlicher Autorität, während alles Übrige von vornherein im Bereich der Möglichkeit menschlichen Irrtums liegt. Ignatius v.L. schreibt in seinem Exerzitienbuch (Nr. 336), man müsse die unmittelbare, aktuelle Eingebung von der folgenden Zeit unterscheiden. Denn häufig bildet sich der Mensch in dieser nachfolgenden Zeit „durch eigene Gedanken über Beziehungen und Folgerungen aus Begriffen und Urteilen oder durch den guten oder bösen Geist verschiedene Vorsätze und Meinungen, die nicht unmittelbar von Gott unserem Herrn gegeben sind." Doch da sie mit jenem Urimpuls verbunden scheinen, ist man in der Gefahr, ihnen die gleiche Autorität zu geben wie jener. Wenn Redner Eingebungen darlegen, die sie vorher empfangen haben, hat solche Wiedergabe und Erklärung von vorn herein nicht die gleiche Qualität wie ein unmittelbar empfangenes und ausgesprochenes Wort. Und es braucht große Wachsamkeit, in dieser Phase nichts Eigenes hinzuzufügen, auch wenn es in gutem Glauben geschieht.

d) Entweder - oder?

Eine Einzelprophetie ist in ihrem Kern *entweder von Gott oder nicht*. Hier gibt es, was den Ursprung betrifft, keine Zwischenstufen. Auch wenn Gott bei der Entstehung einer Prophetie subjektives Begriffs- und Vorstellungsmaterial des Propheten mit einbezieht, gilt doch von dem entscheidenden Impuls: er ist entweder von Gott oder nicht. Unter dieser Voraussetzung ist dann der Inhalt nicht zu kritisieren, sondern nur als ganzer entweder echt oder unecht. Das steht hinter der Anweisung von Did 11,7 (s.u. 5.5): »Einen Propheten sollt ihr nicht prüfen, *während* er im Geiste redet« - sondern eben nachher. Dann aber ist zu prüfen, *ob* es von Gott ist, nicht jedoch, welcher Teil gut und brauchbar ist und welcher nicht. Der Prophet darf ja zu dem, was er im Geiste empfängt, nichts hinzufügen oder davon wegnehmen (Ez 33,1-9; vgl. Offb 22,18); er muß treu ausrichten, was ihm gegeben wird. Er hat außerdem die Pflicht, den Menschen, vor denen er spricht, deutlich zu machen, wann er ein Wort des Herrn ausrichtet und von wann ab er wieder aus Eigenem redet.

Das bedeutet nicht, wie ein Gesprächspartner meinte, daß jede Randunschärfe zum Irrtum hin okkulten oder dämonischen Einfluß enthalte. Manche Impulse können aus der natürlichen Spontaneität und Subjektivität kommen; andere können geistliche Täuschungen sein, mit denen ja jeder Prophet rechnen muß. Täuschungen sind eine Imitation geistlicher Eingebungen und sehen zunächst den echten zum Verwechseln ähnlich. Von ihnen sind nochmals okkulte und »dämonische« Einflüsse im engeren Sinn zu unterscheiden. Nur wenn ein Mensch in diesen Unterscheidungen genügend erprobte Erfahrung hat, darf man ihn den prophetischen Dienst öffentlich ausüben lassen.

Man beachte auch, daß nur der eigentliche prophetische Impuls unter dieser Alternative steht, während bei der Ausführung und Weitergabe viele menschliche Einflüsse mitwirken, so daß man dann dieses ‚entweder - oder' so nicht mehr sagen kann. Ob nicht manche Prophetien, die von der „baldigen" Wiederkunft sprechen, ähnlich wie entsprechende Schriftworte zu interpretieren wären: Das Drängende soll zur Wachsamkeit rufen, aber nicht auf eine konkrete Zeitangabe fixieren? Das Thema ist in der Theologie keineswegs geklärt. Spirituell und psychologisch gesehen könnte es leicht sein, daß ein Grundimpuls zu Wachsamkeit und die Sehnsucht nach der Wiederkunft durchaus von Gott kommen, aber in der konkreten Formulierung (unbewußt) so viel Menschliches mit einfließt, daß die Endgestalt - anders als in der Schrift - nicht mehr als ‚echt' bezeichnet werden kann. Wenn dagegen der Grundimpuls selbst „aus der eigenen Spontaneität kommt", können das Gedanken und Einfälle, aber auch besondere natürliche Kräfte sein, wie etwa Hellsehen. Das muß nicht sofort dämonisch sein. Die Grundunterscheidung ‚von Gott oder nicht' aber darf man nicht aufgeben, weil sonst jede Prophetie einer bloßen Beliebigkeit verfiele. Häufig wird man fragen müssen: Gibt es hier einen Kern, der von Gott kommt und den herauszuschälen sich lohnt, oder stammt alles aus anderen Quellen? Gerade dafür brauchen wir die „Gabe der Unterscheidung".

Manches läßt sich festmachen an der *Tendenz*, die prophetische Impulse haben. Ignatius v. L. betont für den einzelnen (EB 333): „Wir müssen sehr auf die Folge der Gedanken achten" und wenn etwas *„ablenkt oder weniger gut* ist, als was die Seele sich vorgenommen hatte, oder es die Seele schwächt oder beunruhigt oder verwirrt, indem es ihr den inneren Frieden nimmt", dann seien das Zeichen für eine Täuschung. Dabei ist immer vorausgesetzt, daß der Betreffende es gut meint, eine „Folge von guten Gedanken" in sich vorfindet (EB 332; 334) und auf dem Wege der Nachfolge Jesu vorangeht (EB 315 mit 328f). - Was nun für den einzelnen gilt, ist analog auf geistliche Strömungen und auch auf Tagungen anwendbar. So wird man darauf achten, ob Prophetien allmählich ablenken vom Weg der Nachfolge, so daß am Ende nicht mehr Jesus, sondern das Zeichen im Mittelpunkt steht (vgl. Joh 6,26) - auch wenn die Veranstalter dies subjektiv nicht beabsichtigen.

Ein wichtiges Kriterium für die Echtheit ist, daß eine prophetische Voraussage *in Erfüllung geht*. Aber dies kann man immer erst nachträglich feststellen. In unseren Gesprächen wurde uns Rabbi Gamaliels Rat entgegengehalten: „Wenn dieses Werk von Menschen stammt, wird es zerstört werden; stammt es aber von Gott, könnt ihr es nicht vernichten" (Apg 5,38f). Doch ist dies dort der Rat eines Beobachters, der nicht selbst betroffen ist, eines Mannes, der sich und seine Zuhörer damit dem unmittelbar prophetischen Anspruch der Botschaft des Evangeliums entzieht. Das kann nicht die Antwort einer Gemeinde sein, der eine Prophetie vorgetragen wird. In unserem Fall würde es bedeuten, daß man es ja am Jüngsten Tag sehen werde; doch dann ist der Handlungsspielraum gerade vorbei!

Jede Prophetie muß, insofern sie einen Appell enthält oder eine Handlung auslösen soll, gerade *vor* der Verwirklichung sich als vertrauenswürdig („authentisch") erweisen. Wollte man untätig so lange warten, bis sie eingetreten ist, hätte sie gerade ihren Sinn verfehlt, nämlich die Menschen *vorher* zu einer Änderung zu bewegen oder ihren Glauben zu stärken (Jona 3!). Genau das zeigt Jer 26,11-24, wo „einige von den Ältesten" erkennen, daß es ein *echtes* Prophetenwort ist (26,17-19) und gerade *vor* seiner „Erfüllung" ihre Gesinnung ändern. Das Wort selbst ist dort (26,4f) unter der Bedingung gesagt: „Wenn ihr nicht hört ...". Das Beispiel zeigt gerade, daß es außer der Erfüllung noch andere Kriterien gibt, an denen man die Echtheit erkennen kann. Die Prüfung einer Prophetie, für die *immer mehrere* Kriterien notwendig sind, muß also gerade geschehen, *bevor* sie sich erfüllt, damit sie eine heilsame Wirkung ausüben kann.

e) Prophetie und Leitung

Ein häufiges Problem, das aber in dem vorliegenden Fall besonders sichtbar wird, besteht darin, daß manche „Propheten" viele Dinge aussprechen, die tatsächlich zutreffen, oder daß sie allem Anschein nach »Wunder wirken« (vgl. o. 1.4). Jesus mahnt seine Zuhörer, gut zu unterscheiden. Auch wenn die betreffenden Personen es subjektiv ehrlich meinen und sich um ein Leben in der Nachfolge Jesu bemühen, kann es dennoch sein, daß sie unbemerkt etwas für göttlich halten, was es nicht ist. Die Kirchengeschichte gibt uns bis heute genügend Beispiele, wo Menschen guten Glaubens in die Irre gingen; und im kleineren Maßstab kennt dies wohl auch jeder innerhalb des eigenen Erfahrungsbereiches.

Hier geht es vorwiegend um die Art der *Leitung*. Wenn man in öffentlichen Versammlungen erwartet, daß prophetische Worte zunächst einem Leiter vorgelegt werden, hat das

gewöhnlich eine vierfache Funktion: der Leiter soll schauen,
1) ob er das Wort für *echt* und ausgereift hält,
2) ob es *überhaupt* gesagt werden soll (Paulus rechnet wie beim lauten Sprachengebet mit einem Prophetienüberschuß: 1 Kor 14,26-33),
3) wenn ja, ob es *öffentlich* und
4) zu *welchem Zeitpunkt* es gesagt werden sollte.

Im Rahmen des Prozesses, auf den sich unser Dialog bezog, wurden von John Wimber Richtlinien herausgegeben, die gewiß manches Hilfreiche enthalten; aber wenn grundsätzlich bestimmte Inhalte ausgeschlossen werden, ist das ein Eingriff in das prophetische Amt selbst. Wenn ein Mensch wirklich Gottes Worte empfängt, haben Menschen nicht das Recht, das eine oder andere aus inhaltlichen Gründen zu verheimlichen (Ez 3,16-21; 33,1-9). Andernfalls macht man sich zum Richter über den Heiligen Geist, was er eingeben dürfe und was nicht. Falls bestimmte Inhalte stutzig machen (genannt wird, daß eine Frau ein Kind bekommen werde), kann dies verschiedene Gründe haben. Liegt es daran, daß man etwas nicht öffentlich, sondern privat sagen sollte, daß bei dem „Propheten" ein manipulatives Element mitspielt oder daß man sich fragt, ob es in sich etwas Falsches enthält und insofern jenes Wort überhaupt nicht von Gott sein kann? Doch darf man nicht bestimmte, an sich gute Inhalte grundsätzlich zurückzuhalten suchen (vgl.o. 2.2 und 2.4 gegen Ende). Prophetische Ankündigung der Geburt eines Kindes zum Beispiel ist durchaus biblisch.

Gibt ein Mensch öfter ein Wort weiter, das nicht eintrifft oder unangemessen ist und Verwirrung stiftet, dann ist der *Dienst dieser Person* in Frage zu stellen und nicht zwischen bestimmten Inhalten auszuwählen. Zumindest sollte der Betreffende eine längere Zeit den prophetischen Dienst nicht ausüben, und schon gar nicht öffentlich - bis er besser unterscheiden gelernt hat. Es gehört zur Grundschule des Propheten, daß er an der *Art* der eigenen Impulse unterschei-

3. Dokumentation des Dialogs 85

den gelernt hat, welche von Gott sind und welche nicht. Wo hingegen Unklarheit und Verwechslung geschieht, ist der Verwirrer bereits am Werk. Prophetischer Dienst braucht ein hohes Maß an Klarheit.

Vielleicht entsteht nach diesen Überlegungen der Eindruck, dann brauche ein Prophet eine hohe *theologische Bildung*. Aber das wäre ein Fehlschluß. Meist sind sie ja keine Theologen! Und das hat offenbar einen tiefen Sinn. Ich denke, daß Gott auf diese Weise der Gefahr begegnet, eine Botschaft durch menschliches „Wissen" zu beeinflussen. Die Echtheit einer Prophetie erweist sich unter anderem dadurch, daß der Prophet die Worte weitergibt, ohne sie zu durchschauen. Theologie hingegen ist gerade ein Instrument der Prüfung und Reflexion, nicht ein Element der Prophetie selbst. Die Tatsache, daß die prophetischen Worte trotzdem theologisch korrekt sind, ist eher ein wichtiges (freilich nicht das einzige) Kennzeichen dafür, daß sie von Gott sind.

C Lehre: Leben unter Gottes Führung

Woran liegt es, daß man Schrifttexte so mißverstehen kann? Sind wir in den beiden vorherigen Kapiteln von aktuellen Fragen ausgegangen, wollen wir nun grundsätzlich darüber nachdenken, auf welche Weise die Heilige Schrift uns Weisung und Entscheidungshilfe gibt und welche Bedeutung prophetische Gaben in unserer Lebenspraxis haben. Denn nur, wenn wir es im alltäglichen Leben gelernt haben, werden wir auch bei solch speziellen Fragen wie der nach der Endzeit vor Fehlern geschützt sein.

4. Leben aus dem Wort der Schrift

„Geistlich leben heißt: eines der äußersten Abenteuer dieses Lebens anzunehmen", wie es Johannes Mohr einmal formuliert hat. Ja, es ist das größte Abenteuer, die größte Chance, die in unserem Leben steckt. Wohl mancher hat es versucht und ist dann steckengeblieben. Andere haben von vornherein Angst, sich darauf einzulassen, weil sie meinen, sie wären damit überfordert - als ob Gott nicht um ihre Grenzen wüßte! Nein, er ist nicht nur bereit, uns jeweils die nötige Kraft zu geben, sondern ist längst einer von uns geworden, um mit uns den Weg gemeinsam zu gehen. Doch sollen wir nun nicht die Jünger beneiden, die ihn „life" erlebten; auch sie waren nur drei Jahre mit ihm zusammen und haben erst nachher begriffen, was geschehen war. Sie lebten nach Ostern von seinem „Wort" - einmal, wie sie es im Gedächtnis hatten, zum anderen aus der Erfahrung, daß Gott es neu in ihnen formte.

4.1 Die Schrift und der Heilige Geist
So schreibt Paulus 1 Thess 2,13: „Wir danken Gott unaufhörlich, daß ihr, als ihr ein Wort einer von uns ausgerichte-

ten Gottesbotschaft übernommen habt, es nicht aufgenommen habt als Menschenwort, sondern als das, was es in Wahrheit ist: als Wort Gottes." Das ist seine überwältigende Erfahrung: Wenn er den Menschen die Botschaft ausrichtete, geschah es, daß Gott sich seiner bediente und in den Herzen der Hörer bewirkte, daß sie *ihn* in seinen Worten erkannten. Die Theologie nennt das „Inspiration". Paulus redet zwar mit seinen eigenen Worten, aber er sieht sich darin vom Heiligen Geist geführt; und er wird sich dessen voll bewußt durch die Tatsache, daß seine Hörer in seiner menschlichen Stimme die Stimme Gottes vernahmen.

Was nun für seine mündliche Predigt gilt, das gilt in anderer Weise von seinen schriftlichen Zeugnissen. So werden seine Briefe und alle Schriften des Neuen Testamentes durch die „Schriftinspiration" zum bleibenden Zeugnis des in unserer Geschichte redenden Gottes. Die Worte berichten von Gotteserfahrungen und Weisungen Gottes in jener Zeit, aber durch diese geschichtlichen Ereignisse hindurch, wie sie uns etwa in dem Gelegenheitsbrief an die Thessalonicher weitergegeben („überliefert") werden, spricht Gott zu Menschen aller Zeiten! Seitdem ist die Heilige Schrift für alle Menschen wie ein Kompaß in der Wüste.

Sind wir wachsam und flexibel genug, um auf die feinen Anregungen und Kurskorrekturen Gottes einzugehen? Es ist ja nicht leicht, seine Worte richtig zu verstehen. Vielleicht war es für die Thessalonicher klar, was Paulus meinte, weil er ihre Situation kannte und weil sie ihn kannten. Aber wie können wir das auf unsere Situation anwenden? Wieso kann der Lektor nach der Lesung im Gottesdienst z.B. sagen: „Wort Gottes in Menschenwort - heute an uns"? Wer leistet die Übertragung auf unser Leben? Ist das nicht höchst kompliziert? Zu oft haben wir es inzwischen erfahren, daß ein Schriftwort in der Geschichte der Kirche lange Zeit mißverstanden wurde oder daß ein einzelner aus einem Schrifttext etwas Falsches herausgelesen hat! Wie wird die Heilige Schrift von damals zu einer Leitplanke in meinem Leben heute?

4. Leben aus dem Wort der Schrift

Das Konzil sagt: Die Heilige Schrift muß in dem Geiste gelesen werden, in dem sie geschrieben wurde. Wie also der Schriftsteller „inspiriert" wurde, so muß auch der Leser in einem gewissen Sinne inspiriert, vom Heiligen Geist geführt werden. Kennen wir das, wenn Gott selbst ein Wort der Schrift auf unser Leben „anwendet" (s.u. 4.2)? Dann trifft mich ein Wort unmittelbar, sei es, daß ich „zufällig" auf dieses Wort stoße oder daß es mir in meiner regelmäßigen Bibellesung plötzlich aufleuchtet. Manchmal mag es stiller und unauffälliger geschehen, etwa indem mir ein Schriftwort nicht aus dem Sinn geht oder wenn ich beim Betrachten eines Textes eine Aufforderung zum Handeln in mir wahrnehme und zugleich geistlichen Frieden spüre.

Entscheidend ist, daß dann die Gegenwart Gottes die Atmosphäre bestimmt, daß ich in mir die Ehrfurcht vor Gott und die Ausstrahlung seiner Wahrheit spüre - sei es bestätigend oder korrigierend. Dies kann ich nicht machen oder arrangieren, etwa indem ich mir Schriftstellen aussuche, die mir zusagen, sondern wie Johannes Mohr einmal schrieb: „Der Mensch entschließt sich zur Öffnung seiner Tür vor Gott, aber Gott selber entscheidet, wann und wie er eintritt." *Darum* ist es wichtig, durch Schriftbetrachtung „Dispositionen" zu schaffen, einen Raum, in dem Gott leichter wirken kann; denn, wie es auf einer Spruchkarte heißt: „Gott besucht uns oft, nur sind wir meistens nicht zu Hause." Das wichtigste, was wir dazu tun können, ist also, durch eine „geistliche Schriftlesung" uns im Gebet und liebenden Horchen für das Kommen des Herrn in seinem Wort zu bereiten.

Dieser lebendige Dialog wird häufig durch unsere sündhafte Ich-Verhaftung blockiert. Daneben aber gibt es die sachliche Schwierigkeit, daß immer zwei Linien parallel laufen: die objektive Textlinie und meine subjektive Lebenslinie. Ich möchte das an einem Beispiel klarmachen. Lesen wir Haggai 2,1-9 (es ist das drittletzte Buch im Alten Testament). Im Jahr 520 v. Chr., nach der Rückkehr aus der baylonischen Gefangenschaft, ermutigt Gott die Menschen in Jerusalem zum Tempelbau mit den Worten: „Macht euch an die Arbeit, denn ich bin mit euch; mein Geist bleibt in eurer Mitte", und „die künftige Herrlichkeit dieses Hauses wird größer sein als die frühere". Schauen wir auf unsere gegenwärtige Kirche, kann einem schnell der Gedanke kommen: Ist nicht auch ihr Zustand „wie ein Nichts im Vergleich zu ihrer früheren Herrlichkeit" (Hag 2,3)? So liegt es nahe, auch die Verheißung auf die heutige Kirche anzuwenden und zu glauben, daß Gott ihr jetzt „eine größere Herrlichkeit" (2,9) schenken werde.

Aber haben wir so die beiden Linien in der richtigen Weise verbunden? Warum gibt Gott den Auftrag zum Tempelbau erst im Jahr 520 und nicht schon 50 Jahre früher? Lag es nur daran, daß die Leute damals dazu nicht bereit gewesen wären? Oder wäre es zu jenem Zeitpunkt Vermessenheit gewesen? Alle konkreten Verheißungen Gottes sind in bestimmte Situationen hinein gesprochen und sind an viele Bedingungen geknüpft; darum dürfen sie nicht ohne weiteres auf andere Situationen und Menschen übertragen werden. Die Verheißung Gottes im Jahr 520 v. Chr. ist ja zunächst gebunden an diese Generation.

Freilich kann Gott durch diese Texte auch einem heutigen Bibelleser einen Zuspruch geben, sozusagen jene Verheißung neu auf ihn „anwenden", und wenn nicht total, so doch in einigen Zügen. Entscheidend ist jedoch, daß *er* uns dieses Wort aufschließt und konkretisiert. Wenn dies nicht unter der klaren Führung des Heiligen Geistes geschieht, könnte es auch bloßes Wunschdenken sein, daß die Kirche „jetzt groß herauskommt"; solche „Auslegung" wäre dann rein menschliche Assoziation oder auch Manipulation. Denn es gibt Zeiten, in denen ein Prophet Unheil verkünden muß, es gibt Situationen, in denen ich eine Warnung brauche, um wieder auf den richtigen Weg zu kommen und in denen eine schöne Verheißung mich wie eine billige Vertröstung gerade einschläfern und davon abhalten könnte, mich mit ganzem Herzen zu Gott zu kehren. Ziel aller Worte Gottes ist ja das

Heil des Menschen! „Wenn der Herr das Haus nicht baut, dann bauen die Bauleute vergebens" (Ps 127,1). Wann ist also der rechte Zeitpunkt „einzureißen", und wann „aufzubauen" (Jer 1,10)?

4.2 Unterschiedliche Bedeutungen von Schriftworten

Um nicht in einen Text etwas „hineinzulesen", sondern nur das herauszulesen, was Gott meint, und zwar was er damals sagen wollte und was er vielleicht heute damit sagen will, ist es hilfreich, einige Unterscheidungen zu beachten.

a) Unterscheiden wir den *direkten* Schriftsinn und *angewandte Schriftsinne*. Der direkte Schriftsinn ist das, was der Verfasser ursprünglich sagen wollte. Diese Frage nach der Aussageabsicht des Verfassers ist gewissermaßen das Nadelöhr, durch das jede Bibelauslegung hindurch muß. Erste Frage einer Bibelauslegung muß darum immer sein, was etwa ein Prophetenwort oder ein Apostelbrief *in der damaligen Situation direkt* meinte. Eine zweite Frage ist, wie man einen Text auf die eigene Situation anwenden kann oder auch, ob Gott ihn in einem bestimmten Augenblick sehr konkret „anwendet" (s.u. c). Dies ist dann gleichsam ein indirekter Schriftsinn.

b) Ferner ist zu unterscheiden zwischen *allgemeinen Aussagen*, die zu allen Zeiten und unter allen Umständen gültig sind (etwa: Gott hat die Welt geschaffen und trägt sie; Jesus ist der Erlöser aller Menschen; Aufforderungen zu Gerechtigkeit und Liebe) und *partikulären Aussagen* (Einzelereignisse wie eine konkrete Bedrängnis Davids; der reiche Fischfang der Jünger; Aufforderungen an einzelne Menschen wie Apg 13,1-3), die unmittelbar nur die damalige Situation meinen.

c) Verbinden wir nun die erste mit der zweiten Unterscheidung: Während die allgemeinen Aussagen allgemein und direkt anwendbar sind (obwohl es manchmal nicht leicht ist zu sagen, was im konkreten Fall „gerecht sein" und „lieben" bedeutet), sind die *partikulären Aussagen nicht ohne weiteres übertragbar.* Doch knüpft Gott nicht selten auch an solche Worte an, um einem Menschen in einer konkreten Situation eine Hilfe oder Weisung zu geben; aber dies bedeutet, daß dann der *Heilige Geist* einen Schrifttext neu „anwendet". Zu diesem *„angewandten Schriftsinn"* gehört es also, daß der Heilige Geist aktuell ein Licht schenkt, durch das eine in eine andere Situation hineingesprochene Schriftstelle von ihm so auf eine gegenwärtige Situation angewandt wird, daß sie hier - unter anderen Umständen und darum auch modifiziert - eine neue Geltung bekommt, etwa wenn jemand anhand der Aufforderung an Philippus, sich dem Kämmerer anzuschließen (Apg 8,26-40), einen aktuellen Ruf für sich erfährt, auf einen bestimmten Menschen zuzugehen. In diesem Fall wird also eine partikuläre Schriftaussage nicht einfach vom Bibelleser selbst, etwa durch Assoziation oder bloße Schlußfolgerung, auf eine gegenwärtige Situation angewandt, sondern es erfolgt ein neuer Anruf Gottes *anläßlich* eines Schrifttextes.

Das klassische Beispiel hierfür ist Antonius, der spätere Einsiedler, der beim Sonntagsgottesdienst das Evangelium vom reichen jungen Mann hörte (Mt 19,16-30) und in diesem Moment wußte: „Ich bin gemeint", und zwar so konkret, daß er alles verkaufen und den Armen geben sollte. Nun sollte sich zwar jeder, der diese Perikope hört, um die Haltung der Bereitschaft für Gottes individuellen Anruf in *seinem Leben* bemühen; aber nicht jeder wird von Gott zu einem solchen konkreten Schritt aufgefordert. Jesus hat es ja nicht zu allen seinen Zuhörern gesagt, sondern zu diesem jungen Mann! So ist auch heute eine wörtliche „Anwendung" jenes partikulären Wortes nicht Sache menschlicher Überlegung (wieviele kommen dadurch unter einen falschen Druck oder stumpfen ab), sondern ist nur durch das aktuelle Wirken des Heiligen Geistes möglich.

Daneben gibt es selbstverständlich das betrachtende Nachdenken, in dem man Beispiele der Heiligen Schrift, also

4. Leben aus dem Wort der Schrift 93

partikuläre Aussagen, mit dem eigenen Leben vergleicht und dann auf sein Leben „anwendet". Auch dies sollte ein Überlegen vor Gott und unter der Führung des Heiligen Geistes sein. Aber man wird sehr vorsichtig sein, dies schon als „Schriftsinn" zu bezeichnen, sondern muß eine solche Erkenntnis oder Anregung prüfen. Vor allem wird man sich hüten, eigene Phantasien oder spontane Eindrücke schon für Eingebungen Gottes zu halten, nur weil sie bei einem Schrifttext gekommen sind.

Mit solchen Überlegungen wird also nicht etwa menschlicher Willkür Tür und Tor geöffnet, sondern es werden für uns bestimmte Auslegungsregeln erkennbar. Bei einer geistlichen Prüfung werden wir uns darum als erstes fragen, ob ein Text eine allgemeine Wahrheit aussagt (z.B. „Ich bin der gute Hirt"), oder ob er eine spezielle, partikuläre Aussage macht (etwa: wenn ihr *jetzt* den Tempel aufbaut, werde ich bei euch sein). Im ersten Fall ist die Übertragung ohne weiteres gültig (Christus ist auch hier und heute der gute Hirt, auch für mich usw.), im zweiten dagegen braucht es weitere Kriterien; und diese ergeben sich zum Teil aus den persönlichen Umständen des Bibellesers, zum Teil aber auch aus dem Text. Denn in der Regel wird die Anwendung auf meine Situation in der Grundrichtung des ursprünglichen Schriftsinnes liegen.

Darum braucht es uns nicht zu entmutigen, daß die meisten Schrifttexte, vor allem in den geschichtlichen Büchern und in den Briefen, eine Botschaft für eine bestimmte Situation enthalten. Denn wenn wir auch nicht die Aussage direkt übertragen dürfen, wird uns doch an diesen Beispielen etwas von Gottes Art gezeigt und wie Gott sich in einer solchen Situation verhält. So können wir an den konkreten Aussagen oft ein Prinzip ablesen, das dahintersteht, etwa: „Gott ist barmherzig, er hilft und schenkt immer wieder eine Möglichkeit für einen neuen Anfang", und zugleich am Beispiel der Menschen in der Bibel lernen, welche Haltung, etwa der Umkehr und des Vertrauens, Gott von uns erwartet.

Dann darf ich gewiß aus dem Text eine Weisung oder Ermutigung für mich entnehmen, wie ich ja auch aus individuellen Zeugnissen heutiger Menschen Ermutigung erfahre. Aber wie hier, so muß ich auch bei derartigen Zeugnissen der Schrift behutsam sein, sobald ich sie auf mich übertrage. Falls der Heilige Geist selbst einen Text „anwendet" - ob in einer verhaltenen oder auffallenderen Weise -, um mir darüber hinaus persönlich einen Auftrag zu geben, ist dies nach den Regeln geistlicher Unterscheidung zu prüfen.[3] So müssen wir differenzieren zwischen (allgemeiner) *Lehre*, (individuellen) *Beispielen* und (persönlicher) *geistgeführter Anwendung*.

Meistens geschehen Übertragungen auf die eigene Situation unbewußt, intuitiv, ohne solch schlußfolgernde Überlegungen. Doch ist es wichtig, sich über diesen Vorgang Rechenschaft zu geben, um größere Klarheit im Umgang mit der Heiligen Schrift zu bekommen. Menschen, die leicht geneigt sind, alle Texte - ob Verheißungen oder Drohungen - auf sich zu beziehen, werden dadurch lernen, behutsamer zu sein und zunächst einen Text als Zeugnis von einem damaligen Handeln Gottes stehen zu lassen, bevor sie nach einer Anwendung fragen. Menschen hingegen, die eher zurückhaltend sind, können durch solche Überlegungen ermutigt werden, aus einem Text Hilfen für ihr Leben zu entnehmen, weil sie es nun mit der Vernunft besser rechtfertigen können, warum und in welchem Sinn ein Text auch für sie gilt.

---

[3] Dies ist ein eigenes Thema, auf das oft hingewiesen wird und auf das ich z.B. in dem Buch „Dem Geist Jesu folgen", Münsterschwarzach 1988, S. 21-94, näher eingehe, vor allem durch Erklärung der Unterscheidungsregeln der Exerzitien des Ignatius von Loyola. Man beachte besonders die Unterscheidung zwischen der überwältigenden, der bewegten und der ruhigen Art der Impulse Gottes („drei Wege" ebd. S. 89-91), letzteres, indem man vor Gott „die natürlichen Fähigkeiten frei und ruhig gebraucht".

4. Leben aus dem Wort der Schrift

Selbstverständlich muß alles, Lehre, Beispiele und geistgeführte Anwendung, unter dem Wirken des Heiligen Geistes und darum auch in der Haltung des Gebetes geschehen. Und am Schluß sollte man die Anregungen, die man empfangen hat, bewußt in die Gegenwart Gottes bringen und ihn ausdrücklich bitten, er möge die eigene Einsicht und den eigenen Entschluß nochmals prüfen und, wenn es ihm gefällt, durch seinen Frieden bestätigen. So ist alle menschliche Überlegung eingebunden in die Gottesbeziehung. Er leitet uns durch beides: Vernünftige Überlegung und geistliche Wahrnehmung sind beides Instrumente in seiner Hand.

4.3 Bestätigung im Leben

Schließlich braucht eine im Gebet gewonnene Erkenntnis ständige *Rückkoppelung in meinem Tun*. Wenn also ein Schriftwort mir die Richtung gewiesen hat, werde ich versuchen, es in die Tat umzusetzen, und dann schauen, wie es mir bei diesem Tun ergeht: Ob das Bewußtsein, auf dem richtigen Weg zu sein, anhält, ob ich bei Schwierigkeiten von Gott her Kraft empfange, wenn ich mich an ihn wende, und ob jenes Wort fruchtbar wird in meinem Leben, selbst dann, wenn Menschen mich darin ablehnen und ich nach außen hin zu scheitern scheine, wie wir es am Beispiel Jesu sehen.

So kann es sein, daß wir aufgrund von Haggai 2 mit dem Aufbau einer Zelle oder Gemeinschaft beginnen und dabei auf große Widerstände stoßen. Dann fragen wir uns: War es der richtige Zeitpunkt, der richtige Weg? War es überhaupt richtig, anzufangen? Wenn wir dann mit unseren Erfahrungen oder den Bruchstücken im Gebet zu Gott gehen, kann es sein, daß er uns bestätigt, korrigiert oder auch zur Umkehr bewegt. Nur sollten wir nicht zu schnell bei Mißerfolgen meinen, wir seien auf dem falschen Weg. Andererseits ist nicht jeder Widerstand schon ein Zeichen, daß der „Böse" sich uns entgegenstellt, so daß man darin gar eine Bestätigung für seinen Weg sehen dürfte. Für sich allein genommen ist die Vermutung, daß der „Feind uns stört", wie Ignatius sagt, nie ein Argument, weil er für uns nie ein Wegweiser sein kann. Ihm ist jedes Mittel recht, uns vom Weg abzubringen; so kann er uns auch auf einem falschen Weg Widerstand entgegensetzen, wenn er sieht, daß wir dann erst recht weitermachen! Die Wahrheit des Wortes Gottes hingegen bewährt sich im Alltag und fördert im Gehen des Weges immer wieder jene Klarheit und innere Freiheit zutage, die wir beim ersten Impuls empfangen haben. Aber es kann sein, daß wenn wir dann neu nach jenem Schrifttext greifen, wir vorsichtiger in der Übertragung werden und tiefer begreifen, daß jede Situation einmalig ist und die Anwendung jenes Textes auf meinen Fall immer nur „analog" ist.

Doch Gott gibt uns noch *weitere Hilfen der Objektivierung* unserer persönlichen Führung durch Schrifttexte. Es ist die *Gemeinschaft der Kirche.* Ein erster Schritt ist, daß ich wichtige Schlußfolgerungen oder Impulse, die ich aus Schrifttexten empfange, einem anderen erfahrenen Christen, vielleicht meinem geistlichen Begleiter, offenlege und mit ihm bespreche. Manchmal merkt man schon im Erzählen, ob die betreffenden Ideen standhalten oder ob ich unsicher werde. Wenn wir über Schrifttexte in kleinen Gemeinschaften sprechen, bringen die Beiträge der anderen hilfreiche Ergänzungen und bewahren mich manchmal vor Einseitigkeiten. Aber auch solche Zellen und Kreise sind eingebunden in die größere Gemeinschaft unserer Kirche. So werden wir uns auch immer wieder fragen müssen, ob unsere Sicht mit den Ergebnissen theologischer Wissenschaft übereinstimmt.

Freilich, nicht alles, was im Namen exegetischer Wissenschaft vorgetragen wird, ist deshalb schon authentisch. Entscheidend ist, ob solche wissenschaftliche Exegese kirchlich integriert ist und mit der Lehre der Kirche übereinstimmt. Das ist nicht immer leicht festzustellen; eben darum brauchen wir geistigen Austausch, etwa in einer guten kirchlichen Bildungsarbeit. Dabei sind wir freilich nicht nur Schüler, die einfach übernehmen, was von den Kathedern

4. Leben aus dem Wort der Schrift

gesagt wird, sondern mündige Christen, die aufgrund einer eigenen geistlichen Erkenntnis und Erfahrung durchaus eine eigenständige Meinung ins Gespräch einzubringen haben. Denn kirchliche Schriftauslegung lebt auch von dem „Glaubenssinn des Volkes Gottes". Der Dialog mit kirchlicher Theologie, die durch das Lehramt geschützt wird, bewahrt uns aber vor allzu großen Fehlern und Abirrungen.[4]

Schließlich weitet sich unser Horizont auf die ganze Christenheit. Auch in anderen Konfessionen werden ja wichtige Aspekte der Wahrheit Gottes gepflegt und entfaltet. So haben wir Katholiken gerade über den Umgang mit der Heiligen Schrift viel von unseren evangelischen Brüdern und Schwestern gelernt. Aber auch hier dürfen wir uns nicht zu schnell von plausibel erscheinenden Auslegungen beeindrucken lassen. Denn so richtig es ist, daß in jeder echten christlichen Glaubensgemeinschaft Elemente der Wahrheit und des Heiles enthalten sind, so besteht doch oft die Gefahr, daß diese Wahrheiten isoliert und einseitig betont werden. Aufgabe der Ökumene - das heißt der umfassenden Christenheit - ist es, im Miteinander solche Einseitigkeiten aufzufangen und auszugleichen. Besonders Vertreter kleiner Gemeinschaften sind leicht in der Gefahr, ihre (richtige) Teilwahrheit für das Ganze zu halten. Da es einfach klingt

---

[4] Ein klassisches Beispiel dieser Art ist die Engführung in der Frage der Zuordnung von Frau und Mann. Sowohl in freikirchlichen wie in traditionalistisch katholischen Kreisen gibt es eine Tendenz, welche die Frau nicht als wirkliches „Gegenüber" des Mannes (Gen 2,18) achtet, sondern dem Mann allein die „letzte Entscheidung", z.B. in der Familie, zusprechen will. Die Begründung scheint „biblisch", doch möchte man fragen, wie weit Unsicherheit und Dialogunfähigkeit seitens des Mannes dahinter steht. Praktisch wird damit eine mühevolle gesamtkirchliche Lehrentwicklung der letzten Jahrzehnte rückgängig gemacht. Näheres zu dieser Frage s. N. Baumert, Frau und Mann bei Paulus. Überwindung eines Mißverständnisses. Echter: ²Würzburg 1993. - Eine Kurzinformation: Norbert Baumert SJ - Margareta Gruber OSF, Paulus und die Liebe (Deutsche Sendungen von Radio Vatikan), Johannes-Verlag: Leutesdorf 1993.

und sehr überzeugend vorgetragen wird, beeindruckt ihre Schriftauslegung (vgl. o. 3.3); aber wenn ihr die Reife, die Weite und die Korrektur durch die größere Gemeinschaft und das kirchliche Amt fehlen, hat das auf die Dauer negative Folgen.
Darum können wir nicht einfach von uns aus Schriftworte auslegen und sie auf bestimmte Situationen übertragen, sondern müssen es tun in der Gemeinschaft der vom Heiligen Geist geleiteten Kirche und werden dabei immer wieder den Heiligen Geist bitten, daß er sie für unsere Situation richtig auswählt und anwendet. Nochmals zu unserem Beispiel: Die Zusage: „Ich bin bei euch" in Hag 2,4 scheint allgemein, ist aber dort konkreter gemeint und besagt im Zusammenhang: „Ich bin bei euch *in der Arbeit, die ihr nun in meinem Auftrag beginnt*". Aber da wir von Mt 28,20 die Zusage kennen, daß er „alle Tage bei uns ist" (vgl. Ex 3,14), erinnert uns dieser Text an diese immer gültige Wahrheit! Doch wäre es falsch, daraus den Schluß zu ziehen, daß Gott jede Arbeit bestätigt, die wir gerade tun. Insofern ist der direkte Schriftsinn enger begrenzt und ist doch eine Ermutigung, jene Arbeit anzupacken, die *Gott uns heute* zeigt.

4.4 Ein Text der Bibelkommission zu „Fundamentalismus"[5]

„Die fundamentalistische Verwendung der Bibel geht davon aus, daß die Heilige Schrift - das inspirierte Wort Gottes und frei von jeglichem Irrtum - wortwörtlich gilt und bis in

---

[5] Die Päpstliche Bibelkommission veröffentlichte im April 1993 ein Dokument: „Die Interpretation der Bibel in der Kirche" (Verlautbarungen des Apostolischen Stuhls 115; erhältlich beim Sekretariat der Deutschen Bischofskonferenz, Kaiserstr. 163, 53113 Bonn), aus dem wir hier Kapitel I F abdrucken: „Der fundamentalistische Umgang mit der Heiligen Schrift".
Zum gleichen Thema: Józef Niewiadomski (Hrsg.), Eindeutige Antworten? Fundamentalistische Versuchung in Religion und Gesellschaft (Reihe: theologische trends 1). Österreichischer Kulturverlag: Thaur 1988. - Darin sehr gut zu unserem Thema: Martin Hasitschka SJ, Fundamentalistische und kirchliche Bibelauslegung, ebd. S. 125-132.

4. Leben aus dem Wort der Schrift

alle Einzelheiten wortwörtlich interpretiert werden muß. Mit solcher ‚wortwörtlicher Interpretation' meint sie eine unmittelbare buchstäbliche Auslegung, d.h. eine Interpretation, die jede Bemühung, die Bibel in ihrem geschichtlichen Wachstum und in ihrer Entwicklung zu verstehen, von vorneherein ausschließt. Eine solche Art, die Bibel zu lesen, steht im Gegensatz zur historisch-kritischen Methode, aber auch zu jeder anderen wissenschaftlichen Interpretationsmethode der Heiligen Schrift.

Der fundamentalistische Umgang mit der Heiligen Schrift hat seine Wurzeln in der Zeit der Reformation, wo man dafür kämpfte, dem Literalsinn der Heiligen Schrift treu zu bleiben. Nach der Aufklärung erschien diese Art, die Bibel zu lesen, im Protestantismus als Reaktion auf die liberale Exegese. Der Begriff ‚fundamentalistisch' wurde auf dem Amerikanischen Bibelkongreß geprägt, der 1895 in Niagara im Staate New York stattfand. Die konservativen protestantischen Exegeten legten damals ‚fünf Punkte des Fundamentalismus' fest: die Lehre von der wörtlichen Irrtumslosigkeit der Heiligen Schrift, der Gottheit Christi, der jungfräulichen Geburt Jesu, der stellvertretenden Sühne Jesu und der körperlichen Auferstehung bei der Wiederkunft Christi. Als der fundamentalistische Umgang mit der Bibel sich in anderen Weltteilen ausbreitete, führte er in Europa, Asien Afrika und Südamerika zu weiteren Spielarten, die alle auch die Bibel ‚buchstäblich' lesen. In der zweiten Hälfte des 20. Jahrhunderts fand der fundamentalistische Gebrauch der Bibel in religiösen Gruppen und Sekten wie auch unter den Katholiken immer mehr Anhänger.

Obschon der Fundamentalismus mit Recht auf der göttlichen Inspiration der Bibel, der Irrtumslosigkeit des Wortes Gottes und den anderen biblischen Wahrheiten insistiert, die in den fünf genannten Grundsätzen enthalten sind, so wurzelt seine Art, diese Wahrheiten darzulegen, doch in einer Ideologie, die nicht biblisch ist, mögen ihre Vertreter auch noch so sehr das Gegenteil behaupten. Denn diese verlangt ein totales Einverständnis mit starren doktrinären Haltungen und fordert als einzige Quelle der Lehre im Hinblick auf das christliche Leben und Heil eine Lektüre der Bibel, die jegliches kritisches Fragen und Forschen ablehnt.

Das Grundproblem dieses fundamentalistischen Umgangs mit der Heiligen Schrift besteht darin, daß er den geschichtlichen Charakter der biblischen Offenbarung ablehnt und daher unfähig wird, die Wahrheit der Menschwerdung selbst voll anzunehmen. Für den Fundamentalismus ist die enge Verbindung zwischen Göttlichem und Menschlichem in der Beziehung zu Gott ein Ärgernis. Er weigert sich zuzugeben, daß das inspirierte Wort Gottes in menschlicher Sprache ausgedrückt und unter göttlicher Inspiration von menschlichen Autoren niedergeschrieben wurde, deren Fähigkeiten und Mittel beschränkt waren. Er hat deshalb die Tendenz, den biblischen Text so zu behandeln, als ob er vom Heiligen Geist wortwörtlich diktiert worden wäre. Er sieht nicht, daß das Wort Gottes in einer Sprache und in einem Stil formuliert worden ist, die durch die jeweilige Epoche der Texte bedingt sind. Er schenkt den literarischen Gattungen und der menschlichen Denkart, wie sie in den biblischen Texten vorliegen, keinerlei Beachtung, obschon sie Frucht einer sich über mehrere Zeitepochen erstreckenden Erarbeitung sind und Spuren ganz verschiedener historischer Situationen tragen.

Der Fundamentalismus betont über Gebühr die Irrtumslosigkeit in Einzelheiten der biblischen Texte, besonders was historische Fakten oder sogenannte wissenschaftliche Wahrheiten betrifft. Oft faßt er als geschichtlich auf, was gar nicht den Anspruch auf Historizität erhebt; denn für den Fundamentalismus ist alles geschichtlich, was in der Vergangenheitsform berichtet oder erzählt wird, ohne daß er auch nur der Möglichkeit eines symbolischen oder figurativen Sinnes die notwendige Beachtung schenkt.

Der Fundamentalismus hat oftmals die Tendenz, die Probleme des biblischen Textes in seiner hebräischen, aramäischen

4. Leben aus dem Wort der Schrift

oder griechischen Sprachgestalt zu ignorieren. Nicht selten ist er eng an eine bestimmte alte oder neue Übersetzung gebunden. Auch geht er nicht auf die Tatsache von ‚reletures' in gewissen Abschnitten innerhalb der Bibel selbst ein.

Was die Evangelien anlangt, so trägt der Fundamentalismus dem Wachsen der Tradition der Evangelien keine Rechnung, sondern verwechselt naiv den Endtext dieser Tradition (das, was von den Evangelisten geschrieben wurde) mit ihrer Erstform (die Taten und Worte des geschichtlichen Jesus). Zugleich vernachlässigt er eine wichtige Dimension: die Art und Weise, wie die ersten christlichen Gemeinden selbst die Wirkung von Jesus und seiner Botschaft verstanden haben. Dabei bezeugt gerade dieses urchristliche Verständnis die apostolische Herkunft des christlichen Glaubens und ist ihr direkter Ausdruck. Der Fundamentalismus macht so den vom Evangelium selbst intendierten Anspruch unkenntlich.

Dem Fundamentalismus kann man auch eine Tendenz zu geistiger Enge nicht absprechen. Er erachtet z.B. eine alte vergangene Kosmologie, weil man sie in der Bibel findet, als übereinstimmend mit der Realität. Dies verhindert jeglichen Dialog mit einer offenen Auffassung der Beziehungen zwischen Kultur und Glauben. Er stützt sich auf eine unkritische Interpretation gewisser Bibeltexte, um politische Ideen und soziales Verhalten zu rechtfertigen, das von Vorurteilen gekennzeichnet ist, die ganz einfach im klaren Gegensatz zum Evangelium stehen, wie z.B. Rassendiskrimination und dgl. mehr.

Und schließlich trennt der Fundamentalismus die Interpretation der Bibel von der Tradition, weil er auf dem Prinzip der ‚sola Scriptura' beruht. Die Tradition, die vom Geist Gottes geführt wird, entwickelt sich jedoch innerhalb der Glaubensgemeinschaft organisch aus der Heiligen Schrift heraus. Es fehlt dem Fundamentalismus die Erkenntnis, daß das Neue Testament in der christlichen Kirche entstanden ist und daß es Heilige Schrift dieser Kirche ist, deren Existenz der Abfassung ihrer Schriften schon vorausging. Aus diesem Grund ist der Fundamentalismus oft ‚antikirchlich'. Er erachtet die Glaubensbekenntnisse, die Dogmen und das liturgische Leben, die Teil der kirchlichen Tradition geworden sind, als nebensächlich. Das Gleiche gilt für die Lehrfunktion der Kirche selbst. Er stellt sich als eine Form privater Interpretation dar, die nicht erkennt, daß die Kirche auf der Bibel gründet und ihr Leben und ihre Inspiration aus den heiligen Schriften bezieht.

Der fundamentalistische Zugang ist gefährlich, denn er zieht Personen an, die auf ihre Lebensprobleme biblische Antworten suchen. Er kann sie täuschen, indem er ihnen fromme, aber illusorische Interpretationen anbietet, statt ihnen zu sagen, daß die Bibel nicht unbedingt sofortige, direkte Antworten auf jedes dieser Probleme bereithält. Ohne es zu sagen, lädt der Fundamentalismus doch zu einer Form der Selbstaufgabe des Denkens ein. Er gibt eine trügerische Sicherheit, indem er unbewußt die menschlichen Grenzen der biblischen Botschaft mit dem göttlichen Inhalt dieser Botschaft verwechselt."

5. Umgang mit prophetischen Worten heute

Die Möglichkeit, prophetische Worte falsch zu deuten oder unechte für echt zu halten, könnte manchen davon abschrecken, sich überhaupt auf solche Gaben einzulassen. Aber hat uns Gott nicht im charismatischen Aufbruch quer durch alle Konfessionen hie und da prophetische Worte und Bilder neu anvertraut? Eine Zurückweisung dieser Gabe wäre zu einfach; vielmehr sind wir zur Mühe der Unterscheidung verpflichtet.

Manche halten Prophetie immer noch für etwas ganz Außerordentliches, das nur einige Male im Jahrhundert vorkomme. Andere dagegen meinen, es müßten bei jeder Gebetszusammenkunft Worte und Bilder „kommen", sonst sei sie nicht „charismatisch". Wieder andere sind stumpf geworden, ängstlich oder resigniert, wie es Charles Whitehead, der Sprecher des Internationalen Rates der Charismatischen Erneuerung, beschreibt. Was wäre zu tun?

5.1 Einen Raum schaffen, in dem Prophetie sich entfalten kann

a. Sagen wir nicht: „Wenn Gott reden will, muß doch Er die Initiative ergreifen wie bei der Berufung des Samuel oder Elischa" (1 Sam 3; 1 Kön 19,19). Mußte nicht Elia erst 40 Tage wandern, bis er das Gotteswort vernahm (1 Kön 19), und bekamen Kornelius und Petrus ihre Aufträge nicht, „während sie beteten" (Apg 10,2f und 9f)? Kein Zweifel, die Propheten haben sich immer wieder zurückgezogen, oft „in die Wüste", um die Stimme Gottes zu vernehmen. Die „Wüste" bei einem Gebetsabend ist die Stille - nicht eine drückende Sprachlosigkeit, sondern die aus Ehrfurcht, Anbetung und Lobpreis erwachsende gefüllte Stille, etwa nach einem gemeinsamen Sprachensingen. Haben wir dann die Geduld, hinzuhören? Trauen wir Gott zu, daß er sprechen könnte? Bitten wir ihn um ein „Wort"? Oder halten wir die Stille nicht aus und beschäftigen uns schnell wieder mit unseren eigenen Gedanken und Worten, die wir auch noch sofort aussprechen?

Wenn beten „mit Gott sprechen" heißt, dann sollten wir ihm fairerweise die gleiche Zeit zum Reden zugestehen wie uns selbst! Schaffen wir also einen Raum, in dem Gott - leise oder laut - reden kann; in dem wir zu hören bereit sind und Führung von Gott erwarten; in dem wir ihn auch bitten, uns konkrete Weisung zu geben.

b. Dabei sind Reinheit und Lauterkeit entscheidende Voraussetzungen, damit ein Leiter nicht vorschnell, aus Neugier oder Effekthascherei fragt: „Hat jemand ein Wort"?, und damit der einzelne nicht aus Denkfaulheit oder Entscheidungsschwäche auf Prophetien aus ist; denn dies sind Einfallstore für Pseudoprophetien! Nicht selten wird mit diesem Charisma Mißbrauch getrieben, weil ein „Prophet" seine wahren Motive nicht prüft und auch nicht überprüfen läßt. Er muß sich bewußt sein, mit welchem Anspruch er hier vor andere hintritt. Er steht vor dem Angesicht des ewigen, allmächtigen Gottes, vor dessen Heiligkeit „die Engel ihr Antlitz verhüllen". Im Erleben dieser Furcht Gottes schwindet die Gefahr, leichtfertig solche „Ich-Worte" zu sprechen.

c. Wenn wir Gott um Weisung bitten, bleibt es Seine Sache, wie er uns antwortet, ob einfach durch inneren Frieden oder auch durch hörbare Weisungen. Aber er antwortet sicher, wenn wir wirklich und geduldig hinhören und ihm nicht die Weise des Antwortens vorschreiben. Der einzelne, der ein Wort bekommt, soll auf Christus schauen und im Gehorsam das aussprechen, was ihm gegeben wird; zugleich sollte er darauf vertrauen können, daß die Gemeinschaft ihn trägt und mit ihm das Wort prüfen wird. Sind unsere Gruppen solche Lerngemeinschaften, oder haben wir durch Ängstlichkeit oder Tratsch, durch Neid und Mißgunst prophetisches Reden im Keim erstickt?

Paulus leitet uns in 1 Kor 14 dazu an, besonders in Gemeinschaft für prophetisches Reden offen zu sein und Gott darum zu bitten. Solche „Gemeindeprophetie" ist von dem Auftrag großer „Propheten", etwa im Alten Testament, zu unterscheiden. Sie ist nicht an eine einzelne Person gebunden und sollte in der Regel „wandern". Wenn ein und dieselbe Person zu häufig (und zu schnell) das Wort ergreift, könnte es verhindern, daß andere in diesen Dienst hineinwachsen. Paulus rechnet mit einem „Überschuß" an Prophetien; es genügt, wenn an einem Gebetsabend „zwei oder drei" davon zum Zuge kommen (1 Kor 14,29-32).

5.2 Einen Raum schaffen, in dem Prophetie überprüft werden kann

Wie eine Prophetie für andere gegeben wird, so ist sie auch darauf angewiesen, von anderen geprüft zu werden; denn unüberhörbar ist die Warnung vor „falschen Propheten" im Alten und Neuen Testament. Sie laufen freilich in „Schafspelzen" umher; man hält sie für echte Propheten und sie sich selbst meistens auch (z.B. Amos 7,12-15; Mich 3,5-7; Mt 7,15.22f). Da es die betreffenden häufig auch offensichtlich „gut meinen", kommt man Irrtümern nur schwer auf die Spur.

a. Nicht jeder ist zum Prüfen geeignet, sondern nur, wer im bewußten Hören auf den Geist Gottes lebt und urteilt. Auch das Einbringen theologischen Wissens, das zweifellos von großer Bedeutung ist, muß in dieser Haltung geschehen. Hüten wir uns also, oberflächlich und nach dem Augenschein zu richten, sondern beten wir um die allgemeine Gabe geistlicher Unterscheidung, aber auch um spezielle geistgewirkte „Beurteilungen", die einigen - als ein eigenes Charisma - in besonderer Weise gegeben werden (1 Kor 12,10). Nehmen wir diese Gaben genauso ernst wie die Prophetien selbst.

b. Der erste Ort der Prüfung ist die Gemeinschaft, in der eine Prophetie ausgesprochen wird. Viele wagen es nicht, diese Prüfung unmittelbar vorzunehmen, etwa weil sie die Gebetsatmosphäre nicht stören wollen. Aber wenn Gott uns eine Weisung geben möchte, kann es doch nicht verkehrt sein zurückzufragen, ob sie wirklich von ihm ist! Wenigstens nach einiger Zeit müßte der Raum dafür da sein, solche Vorgänge, die alle miterleben, auch mit allen zu bedenken und bei einem „Wort der Erkenntnis" gelegentlich zu fragen: „Ist jemand hier, auf den das zutrifft?" Es ist zweifellos wichtig, unmittelbar nach einer Prophetie, spätestens aber nach „zwei oder drei" (1 Kor 14,29), eine Zeit der Stille zu halten (auf keinen Fall aber sie mit 5 weiteren Prophetien zuzudecken). In dieser Stille muß sich jeder vor Gott fragen, was dieses Wort in ihm bewirkt. Bei großen Gottesdiensten muß der Leiter selbst kurz Stellung dazu nehmen oder einen urteilsfähigen Teilnehmer darum bitten. Ist der Kreis überschaubar, sollte er

jedoch gelegentlich die Anwesenden um Prüfung bitten. Zumindest sollte er nach dem Gottesdienst mit dem Betreffenden, mit der Leitungsgruppe und anderen geeigneten Personen darüber sprechen.
Das ist kein Zerreden heiliger Vorgänge, sondern die vom Geist gebotene Sachlichkeit. Was von Gott kommt, erträgt dieses prüfende Gespräch. Dadurch wird nicht etwa die Integrität einer Person in Frage gestellt, sondern wird gerade die Botschaft ernst genommen. Derjenige, der ein prophetisches Wort empfangen zu haben glaubt, braucht Distanz zu seiner Aussage in der Haltung: „Ich richte es nur aus; ob es zutrifft, müßt ihr beurteilen". Und die angesprochene Gemeinde/Gemeinschaft braucht eine Atmosphäre des offenen Dialogs und der Reflexion, um gemeinsam den Willen Gottes zu finden. Dies gehört zur „geistlichen Hygiene" eines charismatischen Kreises. Solche geistliche „Gesundheitspflege" reinigt von Ballast wie Animosität, Gewissensdruck, Menschenfurcht oder unechten Gefühlen.

c. Die Prüfung selbst beginnt damit, daß man schaut, ob die *Inhalte* eines „Wortes" mit den Glaubenswahrheiten übereinstimmen. Stehen sie in offensichtlichem Widerspruch dazu, wird man sie nicht annehmen (vgl. o. 3.3 und 3.4b). Aber oft ist dies nicht auf den ersten Blick zu erkennen; dann braucht man theologische Klärung (vgl. o. 4e). Doch auch wenn etwas in sich „theologisch richtig" erscheint, ist damit noch nicht erwiesen, daß der aktuelle Impuls von Gott kommt. Dazu bedarf es weiterer Kriterien.

d. Zweitens werden wir vor Gott auf unsere *Reaktionen* achten: Löste das Wort in mir Frieden aus, Betroffenheit, Schmerz, Zuversicht, Hoffnung und Freude, oder weckte es Beklemmung, Angst, Befremden, Unruhe, Begehrlichkeit, einen falschen, flimmernden Glanz? Machte es mich aggressiv oder ließ es mich einfach kalt? Es geht zunächst nicht darum, die Aussage bloß intellektuell zu reflektieren, sondern die im Hören auf Gott unmittelbar erwachsenen Reaktionen zu beachten und - bei einem gemeinschaftlichen Vorgang -, soweit es angebracht ist, mitzuteilen. Dazu gehört z.b. auch, daß mir etwas als belanglos erschien; nicht alles Unechte ist ja gleich eine Einflüsterung des Bösen, sondern häufig genug eben „bloß menschlich". Die theologisch pastorale Orientierung „Der Geist macht lebendig"[6] bietet unter IV 3 Hinweise für einen solchen Prozeß.

„*Kriterien aus der Art und Weise der Erfahrung:*
Versuchungen treten auch unter dem Schein des Guten auf - als Übertreibung des Richtigen oder Verharmlosung des Bösen; als Ziel, das von außen gut erscheint, aber einen schlimmen Untergrund verbirgt; als Widerstand gegen Unverständliches, das man ablehnen möchte, das aber in Wirklichkeit zu Gott führt. Die christliche Tradition kennt daher „Regeln zur Unterscheidung der Geister", die solche Hintergründe aufdecken helfen; sie fragen nach Befindlichkeit, Atmosphäre, Reaktion und Gestimmtheit, welche ein Impuls im Menschen auslösen.

Um solche geistlichen Reaktionen und Gefühle zu erkennen, sie von oberflächlicher Bewegtheit und bloßer Stimmung zu unterscheiden und recht zu beurteilen,
- muß der Mensch ganzheitlich auf Gott ausgerichtet sein und auf den Herrn schauen;
- muß er Gott um Reinigung bitten und sich um Lauterkeit bemühen;
- soll er auf Beispiele großer Christen (etwa der Mystiker) blicken;
- ist es für ihn hilfreich, sich eigener früherer Erfahrungen zu erinnern;

---

[6] Erschienen in: N. Baumert (Hrsg.), Jesus ist der Herr. Kirchliche Texte zur katholischen Charismatischen Erneuerung. Vier-Türme-Verlag: Münsterschwarzach 1987, S.13-61. - Auch als Sonderdruck erhältlich im Sekretariat der CE, Marienstr. 80, 76137 Karlsruhe. - Zum Thema „Unterscheidung der Geister" s. auch o. unter 4.2, Anm.1.

- braucht er - wenn es um schwierige Entscheidungen geht - den Dialog mit einem erfahrenen Mitchristen;
- kann ihm der geistliche Austausch mit Brüdern und Schwestern helfen;
- wird er sich - ohne kritiklosen Konformismus - in das Urteil der Kirche hineinstellen."

e. Weiterhin ist danach zu fragen, welche Rückschlüsse sich „aus dem *Verhalten des Menschen*" ergeben (ebd. IV 1 und 2), nämlich ob er - in diesem Tun! - „die Art des Herrn an sich hat" (vgl. u. 5.5). Freilich gibt Gott sein Wort immer sündigen, fehlerhaften Menschen, so daß etwa ein Charakterfehler des Boten noch nicht notwendig besagt, daß die Botschaft falsch ist. Auch kann der „erfahrene Mitchrist", dem man sich mitteilt, und auch der geistliche Begleiter sich täuschen. Ferner ist auf das „Gewicht" (die „Wucht") der Worte zu achten. Assoziativ aneinandergereihte Schriftworte sollten wir jedenfalls nicht mit „Prophetien" verwechseln; letztere erkennt man u.a. an ihrer Durchschlagskraft (das ist nicht Lautstärke!), an größerer Konkretheit und Treffsicherheit.

f. Schließlich sind Gottes Weisungen *nie gegen eine gesunde pastorale Vernunft*. Zwar führt Gott nicht selten ungewöhnliche Wege und fordert manchmal dazu auf, wie Abraham ohne andere Absicherungen als ihn selbst in ein unbekanntes Land zu gehen. Aber selbst dann ist das, was er uns zu tun lehrt, nie „unsinnig" und widerspricht nicht einer vom Glauben erleuchteten Vernunft. Gott fordert nie etwas Entwürdigendes oder Widersinniges; es geht nur manchmal über unseren Horizont hinaus. Aber Gott fügt seine Weisungen so in unser menschliches Leben ein, daß es die Umstände berücksichtigt. Diese „Paßstücke" unserer Lebenssituation sind gerade ein Kennzeichen für die Echtheit. Den Unterschied zwischen göttlicher Inspiration und Täuschung oder Imitation vermögen wir freilich nur von oben her „im Geiste" zu erkennen, also nur in der demütigen Haltung des Empfangens von Gott her und der Bereitschaft zur Überprüfung durch die Gemeinschaft der Kirche mit dem Amt der Hirten.

5.3 Einen Raum schaffen, in dem Prophetien eingeordnet werden können

a. Nicht selten scheint es, daß prophetische Worte zwar im Augenblick gern gehört werden, aber es ihnen dann so ergeht wie den Samenkörnern, die auf den Weg fallen: sie verwurzeln sich nicht im Leben der Hörer. Waren diese taub und kamen nur, um einen interessanten Abend zu erleben? Bisweilen liegt es daran, daß es dem Leiter des Gebetsabends oder Gottesdienstes nicht gelang, das prophetische Wort so ins Bewußtsein aller zu heben, daß sie „etwas damit anfangen" konnten; vielleicht auch daran, daß keine Prüfung vorgenommen wurde und die Teilnehmer unsicher blieben. Bisweilen haben die Worte deshalb nicht „getroffen", weil sie zu flach oder weil sie unecht waren.

b. Worte für einzelne sind oft wie ein Mosaiksteinchen eines größeren Bildes, das nur derjenige erkennen kann, für den es gedacht ist. Wer unsicher ist, sollte mit einem geistlichen Berater darüber sprechen. Oft sieht man erst später, wie die einzelnen Impulse zusammenpassen. Darum ist es gut, sich Worte, die einem bedeutsam scheinen, aufzuschreiben. Häufig klärt es sich erst im Gehen des Weges. Aber auch, wenn man eine große Klarheit hat, daß Gottes Ruf vorliegt, ist eine offene Aussprache mit dem geistlichen Begleiter wichtig. Im Gespräch klären sich oft die verdeckten Motive, die den einzelnen geneigt machen, ein „prophetisches" Wort anzunehmen oder abzulehnen. Es ist schwer, die eigenen blinden Stellen zu erkennen.

c. Mancher wird fragen: Warum so viele Vorsichtsmaßnahmen? Weil die Täuschungen tatsächlich häufiger sind, als es den Anschein hat. Denn der Versucher „kleidet sich gern in einen Engel des Lichtes" (2 Kor 11,14). Es sieht alles so fromm aus, aber dahinter steckt Übertreibung,

Unselbständigkeit oder Imitation anderer, Begehrlichkeit, Selbstbestätigung, Machtstreben und meistens letztlich der Stolz. Der Böse benutzt dabei geschickt den Gedanken der „Erwählung" und macht den Menschen glauben, daß er etwas Besonderes sei, daß dies ein anderer nicht verstehe und er mit seiner Eingebung schon allein zurechtkommt.

Bei geistlich echten Impulsen kann es sein, daß sie durch mangelnde Ausgeglichenheit, durch Unreife oder eine krankhafte Psyche verdorben werden. Diese Gefahren sind in unseren Kreisen nicht selten, und zwar sowohl bei denen, die „prophetische Worte" aussprechen, als auch bei jenen, denen sie zugesprochen werden. Es fehlt dann die nötige „Erdung"; natürliche Gesetzmäßigkeiten werden nicht beachtet und leichtfertiges Planen wird mit Vertrauen auf Gott verwechselt. Bei „Bildern" ist es besonders leicht möglich, daß sich seelische Vorgänge verselbständigen und daß die geistliche Mitte fehlt. Andere lassen sich rein gefühlsmäßig von einer Atmosphäre „mitnehmen".

Aber „glauben" kann man nur, was Gott „geoffenbart" hat, und das Vertrauen auf eine „besondere" Führung Gottes setzt seine konkrete Verheißung voraus. Gewiß hilft Gott auch dem, der in guter Absicht Fehler gemacht hat, wieder weiter; aber er zeigt ihm zugleich, daß sein vermeintlicher „Glaube" nicht durch eine Offenbarung gedeckt war, oder auch, wo sein Handeln unlauter gewesen ist.

Manchen fällt es dann schwer, einen Fehler einzugestehen; sie versteifen sich auf den einmal eingeschlagenen Weg, obwohl ihnen geistliche Menschen wiederholt sagen: „Da stimmt doch etwas nicht." Darum sind für den Umgang mit Prophetien wichtigste Grundhaltungen: Demut und Dialogbereitschaft. Charismen sind von ihrem Wesen her Teile und immer auf ein größeres Ganzes angelegt. So erwartet Gott, daß wir uns mit prophetischen Impulsen in eine größere Gemeinschaft einfügen und in einer wirklichen, auch den Alltag umfassenden Lerngemeinschaft leben.

d. Negative Erfahrungen sind mit ein Grund, warum viele Christen prophetische Worte grundsätzlich ablehnen und sagen: „Ich verlasse mich lieber auf das, was ich gelenrt habe und was ich einsehe." Aber dies ist kein Gegensatz, nur geht Glaube immer über menschliche Logik hinaus. Die vermeintliche „Nüchternheit" wäre dann nur das andere Extrem: sie rechnen nicht mit einer aktuellen Führung Gottes und verstecken sich hinter abgesicherten Formen und Formeln. Der Weg mit Gott aber ist ein „schmaler Pfad", das heißt, Gott will uns die Mühe des Prüfens nicht ersparen, läßt uns aber auch nicht allein. Er lockt uns heraus, nicht zum Risiko, sondern zum Vertrauen! Und er wählt diesen mühsamen Weg, weil es um unsere Erlösung geht, um die Heilung unserer Seele in der Tiefe, damit wir ihm in Freiheit begegnen können. Wir ahnen wohl kaum, wieviel liebende Mühe es Gott kostet, um uns in die Freiheit von uns selbst zu befreien.

e. Letztlich ist jeder Mensch ganz persönlich auf Gott verwiesen, und ein echter Prophet unterstreicht gerade diese Linie. Er nimmt also dem, dem er ein Wort von Gott her ausrichtet, die Entscheidung nicht ab, bindet ihn nicht an sich. Wenn der Angesprochene sich Gott zuwendet, wird dieser ihm genügend Klarheit schenken. So erkennt man eine echte Prophetie auch daran, daß nicht nur der „Prophet", sondern zugleich der Adressat, wenn er geistlich offen ist, von Gott berührt wird. Darauf darf jeder, dem ein prophetisches Wort zugesprochen wird, rechnen; wo sich dies nicht ereignet, kann er die Sache auf sich beruhen lassen. Im positiven Fall sollte er Rückmeldung geben, damit derjenige, der im prophetischen Dienst steht, daran lernen und weiter da hineinwachsen kann. Aber wenn wir der Überzeugung sind, daß ein Wort nicht zutrifft, sollten wir auch das deutlich sagen - und zwar auch einem Kleriker. Haben wir dann keine falsche Scheu, sondern helfen wir uns gegenseitig, immer besser auf der Spur des Heiligen Geistes zu bleiben.

Schließlich kommt es darauf an, den erkannten Weisungen Gottes auch zu folgen. Ob nicht manche prophetische Gabe wieder versiegte, weil man solchen echten Weisungen nicht gefolgt ist? Gott lädt uns leise ein und zwingt uns nicht; darum ist es so leicht möglich, ihm auszuweichen. Wo wir dies im Nachhinein erkennen, müssen wir umkehren und vor dem Herrn unsere Sünde bekennen. Doch sagen wir dann nicht: Jene Prophetie ist unwiederbringlich dahin! Wenn wir wenigstens im Nachhinein erkennen, daß Gott uns damals gerufen hatte und wir das nun bekennen, dann beginnen wir doch noch aus jener Gnade, die wir zunächst vertan hatten, zu leben. In der Buße vor Gott dürfen wir auch nahher noch daraus lernen und zu ihm heimkehren.

Auf der internationalen Leitertagung im Oktober 1989 in Rom hieß es in einer Prophetie: „Meine Freunde, ihr habt euch verändert. Einige von euch sind durch ihr eigenes Sichwichtig-Nehmen, einige durch ihre Titel und Positionen und einige durch ihr Wissen und ihre Gaben groß geworden. Hier, an diesem Ort, lade ich euch mit meiner Vaterliebe und -sorge ein, all dies abzulegen. Jetzt aber seid ihr von den Dingen dieser Welt gefangen genommen. Im Laufe der Zeit hat sich die Welt mit ihren Reichtümern, ihrem Materialismus, ihrer Denkungsweise, Ansteckung und Sündhaftigkeit an euch gehängt. Ihr seid nicht mehr ihr selbst. Ich habe manchmal Mühe, euch zu erkennen! Sorgt euch nicht darum, wie ihr in dieser meiner Welt evangelisieren sollt. Schaut zuerst auf euch selbst und prüft euch selbst sorgfältig! Seid ehrlich zu euch selbst, wer ihr geworden seid und wer ihr heute wirklich seid. Ich rufe euch zurück."

5.4 *„Wenn einem anderen Offenbarung geschenkt wird ..."*
Mit diesem Satz will Paulus in 1 Kor 14,30 darauf hinweisen, daß das Einbringen der Geschenke des Geistes in einer

5. Umgang mit prophetischen Worten heute 113

guten Ordnung und Zuordnung geschehen soll. In 14,26 geht er davon aus, daß die Korinther sich mit ihren Beiträgen überstürzen - und sich somit anderen aufdrängen! (Wer kennt nicht diese Penetranz gerade bei „frommen Leuten"?) So wird es verständlich, daß Paulus die Korinther „zügelt": Obwohl es viele solcher Impulse gibt, läßt er doch bei einer Versammlung nur „zwei oder drei" zu Wort kommen (1 Kor 14,29).

a. Was untersteht er sich, so könnte man fragen, dem Heiligen Geist das Wort zu verbieten? Aber der „Gott der Ordnung und des Friedens" (14,33) ist auch ein Gott des *Überreichtums!* Ein Baum z.B. hat mehr Blüten, als er Früchte tragen kann, und dies ist ein Zeichen von Leben. Die guten „Eingebungen" also, die nicht zu Wort kommen, sind nicht vergeblich. Wie die Blüten den Betrachter erfreuen, auch wenn sie nicht Frucht tragen, so freut sich Gott an seinem Garten. Er gibt dem jeweiligen Empfänger ein persönliches Zeichen seiner Zuwendung, auch dem, der mit seiner Prophetie nicht zum Zuge kommt. Und indirekt wirken sich auch die verborgen gebliebenen Gaben für alle aus, weil sie das Verhalten der Versammelten insgesamt innerlich mitprägen und tragen. Eine Gebetsgemeinschaft ist dadurch mehr „gesegnet", und oft weiß man nicht so genau, woher das kommt. Ich denke, wir haben verstanden: Jeder Gottesdienst und jede Gebetsgemeinschaft lebt vor allem auch von der verborgenen Gottesbeziehung der Teilnehmer. Und die Christenheit als ganze lebt von dem reichen Leben des Geistes in den Christen. Die Kunst ist, daß jede „Offenbarung" den ihr entsprechenden Platz bekommt.

b. Die Kirche *unterscheidet* daher zwischen der „allgemeinen Offenbarung", die der Urkirche mit den Aposteln für alle Völker und alle Zeiten gegeben wurde, und den „besonderen Offenbarungen" oder auch „Privatoffenbarungen", die nur einzelnen Personen oder einem begrenzten Personenkreis gelten. Die allgemeine Offenbarung wurde in den

Schriften des Alten und Neuen Testaments festgehalten. Das Besondere dieser Bücher ist, daß auch, wenn sie in begrenzter menschlicher Sprache ursprünglich in bestimmte Situationen hinein gesprochen sind, sie durch die „Inspiration des Heiligen Geistes" universale Geltung bekommen haben. Darum darf sich ein Christ weder von diesen Büchern noch von der allgemeinen Lehre der Kirche distanzieren.

c. Anders ist es mit *Privatoffenbarungen*. Diese werden von einigen überschätzt und erscheinen dann wichtiger als die Heilige Schrift (aber was, wenn sie falsch sind?), von anderen dagegen werden sie unterbewertet, entweder weil man nicht ernsthaft damit rechnet, daß Gott auch heute „Offenbarung" schenkt, oder aber, weil man sich - vielleicht unbewußt - ihrem Anspruch entziehen möchte. Man redet sich dann damit heraus, daß sie ja „nicht verpflichtend" seien. Woher kommt diese Ansicht?

„Privatoffenbarung" meint im heutigen Sprachgebrauch, daß jemand „privat", also persönlich, eine Mitteilung Gottes (etwa durch eine Marienerscheinung) empfängt, die entweder für ihn selbst oder auch für eine breitere Öffentlichkeit bestimmt ist. Aber auch wenn jemand „in Gemeinschaft" eine Mitteilung von Gott empfängt und den Auftrag, sie unmittelbar auszusprechen - was wir dann eher „Prophetie" nennen -, ist das eine Art „Privatoffenbarung". Auch sie ist entweder für einen einzelnen oder für eine bestimmte Gruppe gegeben.

Nach Abschluß der Entstehung der Heiligen Schrift sind alle Mitteilungen Gottes von dieser Art. Sie können zwar, wie die Herz-Jesu-Offenbarungen an Margareta-Maria Alacoque, eine Anregung für die Theologie und die Praxis der Kirche sein; sie mögen auch zu Entscheidungen des kirchlichen Lehr- und Leitungsamtes führen, wobei diese dann einen alle verpflichtenden Charakter haben können; aber jene Offenbarungen als solche sind nicht für alle verbindlich - schon deshalb nicht, weil Unbeteiligte nur

5. Umgang mit prophetischen Worten heute 115

schwer die Echtheit erkennen können. Aber für den Empfänger und die angesprochene Gruppe können sie sehr wohl ein Anruf Gottes sein. Darf sich z.B. eine Gebetsgruppe einer Prophetie, die in ihrem Kreis gegeben wurde, entziehen? Sie soll prüfen, ob sie von Gott ist, und dann antworten; sonst nimmt sie Gottes Wirken nicht ernst.

d. *Wie aber erkenne ich*, ob eine Offenbarung, die eine einzelne Person empfangen hat, auch „für mich" Geltung hat? Dies kann nur vor Gott und im Gebet geschehen. Dabei werde ich zwei Fragen stellen: 1. Scheint mir diese Mitteilung *in sich echt*? 2. Wenn ja, habe ich den Eindruck, daß Gott *auch mir* dadurch etwas sagen will und in welchem Sinne? - Da solche Botschaften keinen universalen Anspruch haben, muß Gott sie ja noch einmal in meine Lebenssituation hinein „übersetzen". So kann es sein, daß der eine durch die Botschaft von Medjugorje einen deutlichen Anruf spürt, täglich den Rosenkranz zu beten, ein anderer hingegen in einer Prüfung vor Gott erkennt: Das ist nicht die Weise des Betens, die Gott mich im Augenblick führt. Und doch kann er in dieser Botschaft etwas „Echtes" erkennen, für sich selbst eine erneute Bestärkung zur Treue im Gebet entnehmen und vielleicht ab und zu wieder zum Rosenkranz greifen - in der inneren Freiheit, die er vor Gott empfangen hat.

Wer sich dagegen unter Druck fühlt, steht in einer doppelten Gefahr: die eine wäre, daß er aus Angst oder einem Sicherungsdenken heraus alles das tut, was da gesagt wird (nach dem Motto: „Es ist sicherer") und damit in eine Unselbständigkeit oder einen religiösen Formalismus gerät. Die andere Gefahr wäre, schon allein aus der Tatsache, daß er sich bedrängt fühlt, zu schließen, die Sache an sich sei unecht. Wir müssen nur gut unterscheiden zwischen dem „Drängen" des Heiligen Geistes und einem „Druck", der unfrei macht. So wird man darauf achten, ob eine Botschaft (etwa zur Umkehr) eine echte Forderung an die eigene Freiheit enthält (der man sich vielleicht entziehen möchte), oder ob man sich durch sie gegängelt fühlt. - Davon ist nochmals zu unterscheiden, ob etwas, trotz eines christlichen Anstrichs, den Boden des Christentums bereits verlassen hat, wie etwa „New Age".

Manchmal liegt es nicht an der Botschaft selbst, daß Enge und Druck entstehen, sondern an der Art der Menschen, die sie weitergeben. Dieses Bedrängende kann von einer geistigen Enge ihrer Persönlichkeitsstruktur herkommen, aber es kann auch sein, daß sie nicht klar genug zwischen Privatoffenbarungen und allgemein gültiger Offenbarung unterscheiden. Wenn man schon in der Auswahl von Schrifttexten ein richtiges Wort zur falschen Zeit sagen kann, ist bei solchen „Offenbarungen" erst recht Vorsicht geboten, damit man nicht das, was *dem einen* geholfen hat, automatisch auch für andere als „heilsam" oder gar „heilsnotwendig" empfiehlt.

e. Es ist ähnlich wie allgemein mit der *Charismatischen Erneuerung*. Die Tatsache, daß Gott *uns* durch sie eine tiefe Begegnung geschenkt hat, besagt noch nicht, daß Gott dies jedem Menschen *in der gleichen Weise* schenken will. Wohl ist richtig, daß er jedem, der sich ihm öffnet, Seinen Geist verheißt - damit wird in der CE eine allgemeine Wahrheit wieder stärker bewußt, und insofern hat sie einen Auftrag in die ganze Kirche hinein -, aber das heißt noch nicht, daß jeder echte Christ sich der CE anschließen müßte. Wieviel Unruhe haben einige hier schon verursacht, weil sie die freie Gnadenwahl Gottes nicht aushalten, dessen Geist „jedem zuteilt, wie *er* will". Alle unsere konkreten Gnadenerfahrungen haben ja letztlich den Charakter von „Privatoffenbarungen", von denen wir Zeugnis ablegen können, die wir aber nie zur Norm für andere machen dürfen. Sie können jedoch eine Hilfe dazu sein, daß wir das an alle gerichtete Evangelium mit größerer Überzeugungskraft leben und verkünden.

f. In ähnlicher Weise kann es sein, daß manche *Mariener-*

5. Umgang mit prophetischen Worten heute 117

scheinungen wichtige Wahrheiten des Glaubens neu unterstreichen; vielleicht machen sie auch die Rolle Mariens im Heilsplan Gottes wieder deutlicher. Dennoch ist die allgemeine Norm das, was die Kirche über die „Gemeinschaft der Heiligen" lehrt. (Vgl. dazu Kap. 8 der Kirchenkonstitution des II. Vatikanischen Konzils, Lumen Gentium 52-69.) Wer dagegen besondere „Botschaften" nicht wie einen kostbaren persönlichen Siegelring trägt, sondern sie anderen als Stempel aufdrücken will, geht damit über das hinaus, was die Kirche mit solchen Offenbarungen tut. Denn die Kirche läßt Menschen, die positiv erscheinende Botschaften einbringen, in der Regel eine Weile gewähren, um dann eventuell die Verbreitung dieser Botschaften zu erlauben oder einzugrenzen. Sie wird sie aber stets nur als „Privatoffenbarungen" bestätigen - auch wenn diese, wie Lourdes, eine weite Akzeptanz finden -, und wird sie nie für alle verpflichtend machen! Ist das nicht gerade ein Schutz für solche Geschehnisse? Wer dagegen einen Teil herausnimmt und ihn verallgemeinert, handelt sektiererisch, auch wenn er es gut meint.

Seien wir dankbar für die Weisheit Gottes, der uns unterscheiden lehrt zwischen der Heiligen Schrift, allgemeinen lehramtlichen Äußerungen der Kirche und weiteren theologischen und pastoralen Aussagen allgemeiner und individueller Art (was im übrigen auch Ökumene ermöglicht). Wenn Gott zu einzelnen Menschen spricht, ist damit zunächst die Situation bestimmter Menschen gemeint (in der Exegese sagt man: Achte auf den „Sitz im Leben"); darum ist es nicht ohne weiteres übertragbar. Außerdem fließen stets subjektive, durch die Empfänger bedingte Elemente mit ein, die am ehesten von der angesprochenen Bezugsgruppe verstanden werden. Darum müssen wir *unterscheiden*, Offenbarungen *prüfen* und sie *in dem Bereich belassen*, für den sie gemeint sind: manche für einen einzelnen, andere für eine Gebetsgruppe, andere für die Menschen in einem Landstrich, für ein Volk

oder eine bestimmte Zeit. Aber selbst wenn sie, wie die Geschehnisse von Lourdes, eine weltweite Bedeutung haben, sind sie doch nicht für alle Katholiken „verbindlich". Auch hier gilt das Wort Jesu an Petrus: Was mit jenem geschieht, „was geht das dich an? Du folge mir." (Joh 21,22)
Weil also Privatoffenbarungen immer viel Individuelles, viel Situations- und Zeitbedingtes (manchmal auch allzu Menschliches) enthalten, werden nicht alle Christen verpflichtet, sie zu übernehmen. Jeder möge genau hinschauen, ob etwas ihm gilt, und das annehmen, was ihm weiterhilft. Dann kann es sehr wohl sein, daß jemand eine Erscheinung und Prophetie für „echt" hält und dennoch konkrete, darin enthaltene Anweisungen *für sich* nicht übernimmt. Ferner werden sich manche „Offenbarungen" als geistlich stark und hilfreich erweisen, andere werden eher an der Peripherie liegen, da sie von der Mitte ablenken und bei ihnen das Menschliche - wenn auch mit frommen Worten - zu sehr im Mittelpunkt steht, so daß es zu einer bigotten Frömmigkeit führt. Mir persönlich scheint Medjugorje eher von der ersten Art zu sein (freilich nicht, was viele „verallgemeinernd" daraus machen), die Bücher von Vassula oder die Praxis traditionalistischer marianischer Kreise in unserem Land eher von der letzteren Art.
Für die Gebetsgruppen der CE gilt, daß sie auf ihren Ursprungsimpuls achten und von ihm her ihr Wachstumsgesetz erkennen müssen. Und dieses Hören auf den Heiligen Geist lehrt auch, die Gottesmutter neu zu sehen. Wer keine Beziehung zu ihr findet, muß sich fragen, welche lebensgeschichtlichen Probleme oder theologischen Positionen dahinter stehen. Aber das heißt nicht, daß charismatische Gebetsgruppen zu ausgesprochen marianischen Gruppen oder Rosenkranzgebetsgruppen „umfunktioniert" werden dürfen. Diese Richtigstellung ist notwendig, weil das tatsächlich hin und wieder geschieht. Wer so etwas möchte, mag in eine entsprechende maria-

nische Gruppe gehen oder eine solche beginnen; aber es ist unfair und geistlich unlauter, eine vorhandene Gemeinschaft in eine Richtung zu drängen, die nicht organisch aus ihrem Ansatz herauswächst. (Vgl. die theologische Orientierung „Zur Praxis der Marienfrömmigkeit", s.u. Literaturhinweise.)
Noch einmal wird deutlich, wie wichtig es ist, daß die Charismatische Erneuerung sich nicht als normativ, sondern als *ein* Charisma in der Kirche versteht und damit auch das ihr von Gott gegebene Profil suchen darf; gerade so kann sie sich dann mit gesunden marianischen Gruppen in der einen „allumfassenden" Kirche verbunden wissen, ohne ihre Eigenart zu verlieren. Denn „katholisch" meint „erlöste Verschiedenheit", nicht Uniformierung.

g. Ein ähnliches Problem ist es, wenn Menschen von einer *Person*, etwa einem Prediger oder einer begnadeten Frau, „schwärmen", diese somit überschätzen und deren persönliche Botschaft in falscher Weise verallgemeinern. Sie möchten dann unbedingt, daß alle Leute die betreffende Person hören oder jenes Buch lesen. Aber Gott spricht nicht jeden durch den gleichen Menschen an. Manche sind dann so von der „Ausstrahlung" jener Person begeistert, daß sie vielleicht nicht merken, wie sie damit einem Personenkult verfallen. Schaut man genauer zu, verbirgt sich dahinter oft eine geistliche Unselbständigkeit und mangelnde Urteilsfähigkeit. Solche Menschen merken nicht die Übertreibungen in ihren eigenen Reaktionen und sind zugleich unkritisch gegenüber den von ihnen Verehrten. Auch zeigen sie damit, daß sie nicht „mündige Christen" sind. Thomas von Kempen schreibt in der „Nachfolge Christi": „Die viel wallfahren, werden nur selten geheiligt." Gilt das nicht auch, wenn Menschen zu Personen „wallfahren"?
Andererseits kann es sein, daß jemand in seiner Persönlichkeit überzeugend wirkt und trotzdem einzelne seiner Aussagen theologisch bedenklich sind. So sind z.B. man-

che Aussagen von Prof. Ivancic/Zagreb (was sich mir durch die Reaktion von Zuhörern bestätigte) zumindest mißverständlich, etwa wenn er sagt (unter bestimmten Voraussetzungen): „In drei Wochen, ganz sicher, können Sie jeden Menschen bekehren", oder „Das Kreuz bleibt nur so lange, bis man es annimmt; wenn man das Kreuz annimmt, ist es weg" und vieles andere mehr. (Man denke nur an Jesus am Ölberg.) Nun kann man gewiß bei jedem Menschen Einseitigkeiten und Vereinfachungen finden; denn Gott riskiert es, Menschen durch Menschen zu rufen. Das Problem beginnt, sobald die Hörer nicht genügend Distanz haben und beeindruckende Aussagen unbesehen oder undifferenziert übernehmen, oder wenn sie Bedenken, die andere darüber äußern, gleich als Angriff auf die besagte Person werten. Wer von einem Prediger angesprochen ist, wird versuchen, das, was Gott ihm dadurch gezeigt hat, zu tun, statt die Energien in Propaganda umzusetzen (vgl. Mk 1,45).

Bemühen wir uns also, bewußt in der Mitte und von der Mitte her zu leben, die persönlichen Impulse des Heiligen Geistes ernst zu nehmen, und Dinge, die uns nicht betreffen, stehen zu lassen. So möchte ich eine alte Regel etwas abwandeln: In persönlichen Dingen Freiheit, in allgemeinen Einheit, in allem die Liebe.

5.5 Ein Text aus der Zwölfapostellehre (Did 11,3-12,5)
[11,3] „Was aber die Apostel und Propheten betrifft, so verfahrt nach der Weisung des Evangeliums:

[4] Jeder Apostel, der zu euch kommt, werde aufgenommen wie der Herr.

[5] Er soll aber nicht länger bleiben als nur einen Tag. Ist es nötig, auch noch den zweiten. Bleibt er aber drei Tage, so ist er ein falscher Prophet.

[6] Zieht der Apostel weiter, soll er nichts mitnehmen als Brotvorrat bis zur nächsten Herberge. Wenn er aber Geld fordert, ist er ein falscher Prophet.

5. Umgang mit prophetischen Worten heute

⁷Und einen Propheten sollt ihr nicht prüfen, während er im Geist redet" (Anm. des Herausgebers: das bedeutet, der Prophet soll nicht mit einer lauten Prüfung unterbrochen werden, während er redet). „Denn jede Sünde wird vergeben werden, diese aber wird nicht vergeben werden.

⁸Freilich nicht jeder, der im Geiste redet, ist ein Prophet, sondern nur, wenn er die Art des Herrn an sich hat. An der Art also wird der falsche Prophet und der echte erkannt.

⁹Und jeder Prophet, der sich im Geiste einen Tisch bestellt, ißt selber nicht von ihm; tut er es doch, ist er ein falscher Prophet.

¹⁰Jeder Prophet, der die Wahrheit lehrt, aber selber nicht tut, was er lehrt, ist ein falscher Prophet.

¹¹Jeder Prophet, der erprobt ist, wahrhaftig und am weltlichen Geheimnis der Kirche wirkt - aber nicht zu tun lehrt, was er selbst tut -, soll bei euch nicht gerichtet werden. Denn das Urteil über ihn steht bei Gott. Ebenso haben auch die alten Propheten getan.

¹²Wenn einer im Geiste sagt: ‚Gib mir Geld oder sonst etwas', höret nicht auf ihn. Wenn er aber für andere, Bedrängte, zu geben bittet, soll niemand ihn richten.

¹²,¹Jeder nun, der im Namen des Herrn zu euch kommt, soll aufgenommen werden. Dann aber prüft und werdet euch klar über ihn; so werdet ihr genau Bescheid wissen nach rechts und links.

²Ist der Angekommene ein Durchreisender, so helft ihm, soviel ihr vermögt. Er soll bei euch nur zwei oder, wenn es nötig ist, drei Tage bleiben.

³Will er indessen sich niederlassen bei euch, etwa als Handwerker, dann soll er arbeiten und sich so ernähren.

⁴Wenn er aber kein Handwerk versteht, so sollt ihr nach bestem Wissen und Gewissen Vorsorge treffen, daß unter euch kein müßiger Christ lebe.

⁵Will er es aber nicht so halten, dann macht er Geschäfte mit dem Christennamen - vor solchen Leuten hütet euch."

| D | Auslegungen biblischer Texte |

6. Endzeiterwartung bei Jesus und Paulus

Wenn Christen mit großer Emphase verkünden: „Der Herr wird bald kommen", sagen sie das oft mit solcher Überzeugung, daß es schwer ist, ihnen zu widersprechen. Sie weisen dann vielleicht hin auf die „apokalyptischen" Texte des Neuen Testaments, etwa auf die Wiederkunftsreden in den Evangelien. Werden dort nicht viele der Schrecken beschrieben, die unsere gegenwärtige Weltsituation kennzeichnen? So schrickt man bei dem Wort „apokalyptisch" unwillkürlich zusammen.

Andere schauen eher voll Sehnsucht auf die Verheißung des kommenden Herrn. So werden jene Texte für sie buchstäblich zu einer „Offenbarung" - was den Wortsinn von „Apokalypse" wiedergibt. Wer jetzt schon aus der Auferstehung lebt, braucht ja vor dem Übergang in die vollendete Auferstehung keine Angst zu haben. Daß diese aber sehr bald geschehen werde, sehe man u.a. daran, daß in der heutigen Christenheit viele Erfahrungen der Urkirche wieder lebendig würden. Die ersten Christen hätten zwar zu schnell mit der Wiederkunft des Herrn gerechnet, aber nun, nachdem alle genannten Bedingungen erfüllt sind, sei es so weit.

Andere betonen, das Reich Gottes sei doch schon auf Erden unter uns. *Hier* ist der Raum unseres Lebens. Die Verkündigung einer größeren und schöneren Zukunft scheint ihnen wie ein Verrat an der Gegenwart. Worte wie „Jenseits", „Himmel" oder „ewige Seligkeit" sind darum heute bei manchen Christen geradezu verpönt.

Doch ist nicht die ewige Gemeinschaft mit Gott unser Ziel? Sollen wir uns nicht darauf freuen? Wenn so zentrale Wahrheiten des Glaubens verkürzt oder unterschlagen werden, entsteht ein Vakuum, in das andere Ideen und Kräfte einbrechen wie New Age, Esoterik oder okkulte Kontakte mit einem durchaus fragwürdigen „Jenseits".

6.1 Die Evangelien

Ist das Neue Testament wirklich so von der unmittelbaren Erwartung der Wiederkunft Christi geprägt, wie man heute sagt? Wie ist etwa das Wort Jesu zu verstehen: „Amen, ich sage euch: von denen, die hier stehen, werden einige den Tod nicht erleiden, bis sie gesehen haben, wie die Königsherrschaft Gottes in Macht gekommen ist" (Mk 9,1)? Die Einheitsübersetzung fügt in Klammern hinzu: „das Reich Gottes in (seiner ganzen) Macht". Damit wird das Verständnis nahegelegt, Jesus denke hier an ein äußerlich sichtbares Reich, entweder im Sinne eines politischen Messiasreiches oder eines kosmischen Neuanfangs. Erst dort würde sich ja die „ganze Macht" entfalten. Doch inzwischen sind sie alle längst gestorben; also hat sich Jesus getäuscht.

Diese von nicht wenigen Exegeten heute vertretene Ansicht ist aber keineswegs unumstritten. Andere kommen wieder auf die traditionelle Auslegung zurück, daß mit dem „Reich Gottes in Macht" auf die österlich-pfingstliche Gestalt der Gottesherrschaft vorausgewiesen werde.[7] Andere denken eher an die Verklärung Jesu, die sofort im Anschluß erzählt wird. Dann muß man nicht annehmen, Jesus selbst habe bis zu seinem Tod in der Vorstellung gelebt, in seiner Zeit (durch seinen Tod oder durch welches Ereignis auch immer) sei die Veränderung der Welt in ihre endgültige äußere Heilsgestalt zu erwarten. Da ein so verstandenes „messianisches Heil" aber dann nicht verwirklicht worden

---

[7] Eine Auseinandersetzung mit allen einschlägigen Texten in den Evangelien und eine Begründung dieser Auslegung in: Heinz Giesen, Herrschaft Gottes - heute oder morgen? Zur Heilsbotschaft Jesu und der synoptischen Evangelien. (Biblische Untersuchungen Bd. 26) Pustet: Regensburg 1995.

sei, habe er in seinem Sterben diese Erwartung als Irrtum erkannt und sich so in die Hand des Vaters übergeben.

Gewiß hat Jesus „in seinem irdischen Leben Gehorsam gelernt" (Hebr 6,8), aber daß er sich in diesem wesentlichen Punkt seiner Botschaft geirrt habe und die Rede vom „Reich Gottes" zunächst in einem äußeren Sinn verstanden habe, anders als sie dann nach Ostern von der Urgemeinde - richtiger - erkannt worden wäre, das ist doch eine eigenartige Theorie, die nach meiner Kenntnis der Heiligen Schrift nicht zu halten ist. Wie der irdische Jesus vom Vater her um seinen Tod und seine Auferstehung wußte, so verstand er auch die Verkündigung der Gottesherrschaft nicht als den Einbruch eines wie auch immer gearteten äußeren Ereignisses einer Weltverwandlung (die dann nicht stattgefunden hätte), sondern als die Tatsache, daß Gott in den Herzen der Menschen als König erkannt und angenommen wird und somit die „Herrschaft" antritt. „Der Vater, der ins Verborgene schaut" (Mt 6,4), wird an euch handeln.

Die „apokalyptischen Reden" aber, die in den Evangelien über den Weltuntergang sprechen (Mk 13 und Parallelen), bringen *keine Zeitangabe*. Sie setzen voraus, daß der „Menschensohn" selbst gerade nicht mehr unter den Lebenden dieser Erde ist und daß man über den Zeitpunkt völlig im Unklaren sei. Da in diesen Texten Hinweise auf Tod und Auferstehung Jesu, auf sein tägliches Kommen, auf die Zerstörung Jerusalems und auf das Ende der Welt ineinander verflochten sind, muß man - ähnlich wie bei den Prophetien des Alten Testaments - sehr achtsam sein, wenn man einzelne Aussagen auf bestimmte Ereignisse festlegt. So ist nach Heinz Giesen Mk 13,32 („jenen Tag und jene Stunde kennt niemand") zunächst auf den Tod und die Auferstehung Jesu hin gesprochen (vgl. die letzte Anm., ebd. S.117f). Doch gilt er analog dann auch für die Frage nach dem Zeitpunkt des Endes. Nirgends gibt Jesus auf die Frage danach eine Antwort.

Aber, so wird häufig eingewandt, nennt Jesus nicht doch gewisse „Zeichen", an denen wir sein Kommen erkennen können und sollen? Nun, daß wir „vom Feigenbaum lernen" sollen, „daß er vor der Tür steht" (Mk 13,29; Mt 24,33), will nicht dazu ermutigen, auf Zeichen zu achten, aus denen man den Termin des Weltunterganges berechnen könne, sondern darauf zu achten, wo „das Reich Gottes nahe ist", wie die Parallelstelle in Lk 21,31 sagt, also wo Gottes Heilshandeln zu bestimmten Zeiten auf den einzelnen, auf ein Volk oder auch auf die Menschheit zukommt.

Ebensowenig ist die Tatsache, daß heute „das Evangelium allen Völkern verkündet" sei (Mk 13,10; Mt 24,14) - wie weit ist das übrigens wirklich geschehen? - ein Anzeichen, daß in unseren Tagen das Ende komme. Diese und ähnliche Aussagen Jesu sind nie als Ansatzpunkt für Zeitspekulationen gedacht (vgl. o. 1.3). Wenn er aber sagt: „Diese Generation wird nicht vergehen", so muß das nicht die „Generation" seiner Zeitgenossen meinen, sondern er kann damit auch das Menschen-„Geschlecht" als ganzes meinen, mit einer offenen Perspektive in die Zeit hinein.

6.2 Paulus

Haben jedoch nicht zumindest die Jünger *nach* der Himmelfahrt seine „baldige" „Wieder"-kunft erwartet? Man sagt doch, Paulus mache in seinen Briefen Andeutungen, daß er noch zu Lebzeiten mit der Wiederkunft rechne. (Immerhin könnten sich Vertreter einer modernen Naherwartung so auf Paulus berufen.) Das große Problem der zweiten Generation sei es gewesen, die „enttäuschte Naherwartung" zu verarbeiten, weil das Ereignis nicht eintrat, das sie sich in den ersten Jahren erhofft hatten.

Dies ist zwar heute unter Theologen eine weit verbreitete Meinung, die aus dem 19. Jahrhundert stammt, sich aber in voller Breite erst in den letzten Jahrzehnten durchgesetzt hat. Sie ist also noch sehr jungen Datums! Und sie ist keineswegs unumstritten. Sollte wirklich die Gemeinde, die Jesu Wort überlieferte, „nicht einmal der Sohn wisse den Zeitpunkt", zugleich der Meinung gewesen sein, sie „wüß-

6. Endzeiterwartung bei Jesus und Paulus

ten" nun aber doch, daß es noch zu ihren Lebzeiten geschehen werde? Sehen wir uns einige wichtige Texte an.

In 1 Kor 7 scheint Paulus den „Rat" für die Ehelosigkeit damit zu begründen, daß die Not der Endzeit unmittelbar bevorstehe (7,26) und die Zeit bis zu ihrem Eintreten (oder die Zeit der Not selbst?) „nur kurz" (7,29) sei. Folglich sei es besser, nicht zu heiraten. Doch schaut man sich den Text genauer an, wäre die angebliche „Kürze" der Zeit nicht angeführt, um die Not zu mildern, sondern als Begründung dafür, daß die Verheirateten in einer gewissen Distanz der „Welt" gegenüber bleiben (also sich noch weiteren Verzicht auferlegen?) sollen. Eine eingehende Untersuchung hat überdies ergeben, daß „Kairos" hier nicht „Zeit", sondern ‚Gelegenheit/Gefahr' heißt. Der Sinn des Satzes ist dann: „Die Gefahr, daß die Welt euch zusätzlich belastet, läßt nicht auf sich warten". Und dies ist nicht als Motivation für Ehelosigkeit angeführt, sondern als Hilfe für jene, die heiraten: Schützt euch vor dem Sog, der von den Dingen dieser Welt ausgeht, und bleibt immer in einer letzten Unabhängigkeit und Freiheit – „habend gewissermaßen nicht habend". Dies ist zunächst Ergebnis sprachlicher Untersuchung.[8]

Zusätzlich muß man allerdings fragen: Woher sollte Paulus denn wissen, daß die Zeit bis zur Wiederkunft „kurz" sei? Und in welcher Größenordnung denkt er da? Einige Monate, Jahre oder länger? Hätte Gott nun doch, was er zunächst seinem Sohn und den Engeln verborgen hat, seinem Apostel geoffenbart? Oder ist es vielleicht nun (wiederum) ein Irrtum, diesmal des Apostels, von dem sich dann eine zweite Generation unter schmerzlichen Umständen lösen mußte?

---

[8] Näheres s. N. Baumert, Frau und Mann bei Paulus. Überwindung eines Mißverständnisses. Würzburg: Echter ²1993, S. 87-94. Weitere Begründungen: N. Baumert, Ehelosigkeit und Ehe im Herrn. Eine Neuinterpretation von 1 Kor 7 (fzb 47). Würzburg: Echter ²1986, S. 208-212.

Doch - so könnte man entgegnen - warum spricht dann Paulus davon, daß er nicht sterben werde, sondern daß die Entrückung in den Himmel sich noch zu seinen Lebzeiten ereignen würde? Nun, die Rede in 2 Kor 5,2-5 von dem Himmelshaus, das wir „überzuziehen verlangen", meint nicht, Paulus wolle den Tod vermeiden und als Überlebender bei der Wiederkunft Christi den Auferstehungsleib über den gegenwärtigen Leib „überziehen". (Wie soll man sich das vorstellen? Und wäre das nicht doch auch eine Art Sterben?) Aber Paulus spricht dort von der Sehnsucht, das neue Leben im Geist möge ihn jetzt in dieser Zeit mehr und mehr umwandeln, möge ihn aus einem „äußeren" Menschen zu einem „inneren", neuen Menschen machen.⁹

Und auch in 1 Thess 4,15-17 will Paulus nicht behaupten, daß er bei der Wiederkunft noch am Leben sei (man vergleiche nur Phil 1,22-25), sondern er antwortet denen, die befürchten, ihre Verstorbenen könnten am Jüngsten Tag gegenüber den Überlebenden benachteiligt sein: „Wir, insofern wir zurückbleiben, werden nicht früher in die Begegnung mit dem Herrn kommen" als die schon Verstorbenen. Der Text ist somit ein Zeugnis dafür, daß wohl einige Christen subjektiv der Meinung waren, sie könnten das letzte Kommen des Herrn noch auf dieser Erde erleben, daß aber Paulus sie darin gerade *nicht bestätigt*; er sagt nur: „*insofern* wir noch übrigbleiben"; er läßt also offen, wer dann dabei sein wird. Also sagt er auch in diesem seinem frühesten Briefe nichts darüber, ob er selbst dabei sein wird.¹⁰ Fügt er doch sofort in Kapitel 5 hinzu, daß wir „über Zeit und Stunde" nichts wissen, sondern daß der Tag des Herrn

---

⁹ Auch dies habe ich gründlich untersucht, in: N. Baumert, Täglich sterben und auferstehen (StANT 34), Kösel: München 1973.
¹⁰ Näheres s. H. Giesen, Naherwartung des Paulus in 1 Thess 4,13-18, in: Studien zum Neuen Testament und seiner Umwelt, 10 (1985) 123-150; und ders., Naherwartung im Neuen Testamtent, in: Theologie der Gegenwart 30 (1987) 151-154. - Vgl. ferner die nächste Anmerkung.

6. Endzeiterwartung bei Jesus und Paulus

überraschend komme „wie ein Dieb in der Nacht". Und dann folgt die tiefsinnige Bildrede: Wenn ihr in Christus seid, seid ihr ja schon „am Tag" oder im Tageslicht. Folglich kann euch dann das Kommen des Herrn nicht erschrecken. Auch wenn er plötzlich kommt, kommt er doch für euch nicht wie ein Dieb in der Nacht, sondern es wird sein wie eine Begegnung am hellen Tage (vgl. o. 1.3). Da ihr schon in der Gegenwart des Herrn lebt, wird er euch vertraut sein, wenn er sich euch in der neuen, endgültigen Gestalt zeigen wird.

Ähnliches läßt sich von den übrigen Paulusstellen sagen, die hierfür gelegentlich herangezogen werden, etwa 1 Kor 15,51. Paulus gibt auch keine „Zeichen" an, aus denen man den Zeitpunkt berechnen könne. Daß z.B. heute viele Juden ins Heilige Land zurückkehren und einige Jesus als den Messias annehmen, läßt sich nicht, wie manche behaupten, mit Berufung auf Röm 11,23.26 als Indiz für ein baldiges Ende anwenden. Paulus spricht dort grundsätzlich über die bleibende Beziehung von Juden und Christen aus den anderen Völkern: „Nicht du trägst die Wurzel, sondern die Wurzel dich" (Röm 11,18). Und auch 2 Thess 2 spricht nicht etwa von einem „Antichrist", der öffentlich auftreten müsse, bevor das Ende kommt.[11] Wie oft hat man schon versucht, diesen „Widersacher" mit geschichtlichen Personen zu identifizieren!

6.3 Der Kern der Botschaft

Für eine Zeitberechnung kann man sich aber auch nicht auf den 1. Petrusbrief berufen. Immer müßte man sonst fragen: Woher haben die Verfasser die Gewißheit über eine zeitliche Angabe? Sie leben in der Spannung, daß der Herr ganz sicher kommen wird, und sie wissen zugleich nicht, wann er kommt.

---

[11] Über alle diese angeführten Texte werden z. Zt. Untersuchungen ausgearbeitet, die unsere These noch weiter begründen werden.

Darum ist die These, daß die Urkirche fest mit der baldigen Wiederkunft des Herrn gerechnet habe und dann die „Parusie-Verzögerung" verarbeiten mußte, mit Skepsis zu betrachten. Mögen in der Urkirche einzelne Personen tatsächlich ein baldiges Ende vermutet haben, so bleibt doch die offizielle Verkündigung, wie sie uns im Neuen Testament bezeugt wird, immer offen, was den Zeitpunkt betrifft. Sie hält also die Spannung aus und erliegt weder der Versuchung, sich subjektiv auf einen Termin festzulegen, noch folgert sie aus der lebendigen Geist-Erfahrung, daß alles schon geschehen sei. Sie ist somit weit entfernt von jener am Anfang (s.o. 6. Einleitung) geschilderten, übertriebenen Betonung des gegenwärtigen Heils, die kein Jenseits mehr zu erwarten scheint.

Auch wenn es nicht leicht ist, in einer solchen Offenheit zu leben, müssen wir doch „heilig und fromm leben, den Tag Gottes erwarten und seine Ankunft beschleunigen" (2 Petr 3,12). Das ist es, was Paulus dazu bewegt, vielen „Völkern" das Evangelium zu verkünden, und was ihn hoffen läßt, „einige von seinem Volk zu retten" (Röm 11,14) durch den Glauben an Jesus. „Seine Ankunft beschleunigen" heißt also nicht etwa, den Zeitpunkt seiner Wiederkunft näher heranzuholen, sondern Voraussetzungen dafür zu schaffen, daß er hier und heute „kommen" kann und dieser „Tag des Herrn" ein Tag der Freude und nicht der Verurteilung wird. Aber es geht nicht darum, dadurch *die Zeit* bis zum Jüngsten Tag zu verkürzen, bringt ja gerade das vermeintliche „Zögern" des Herrn eine Gnadenfrist für uns Menschen (2 Petr 3,9).

Es darf uns also nicht gleichgültig sein, ob er kommt; vielmehr werden wir alles tun müssen, damit diese Begegnung gelingt. Wir werden in Wahrheit und Lauterkeit „heilig" zu leben versuchen, immer in der Gegenwart des Herrn, um ihm dann gern gegenüberzutreten. Doch „soll euch keiner verachten", der meint, den Zeitpunkt zu wissen, z.B. „indem er sich in scheinbarer Demut und Engelsverehrung gefällt und mit Visionen prahlt, wobei er sich

6. Endzeiterwartung bei Jesus und Paulus

ohne Grund aufbläht in seinem rein menschlichen Denken und sich nicht an das Haupt (Christus) hält" (Kol 2,18).

Wenn die Offenbarung des Johannes mehrfach davon spricht, daß es „rasch geschehen" wird (vgl. o.1.3 und u. 8), so ist auch ein solches Wort nicht als Zeitansage zu verstehen. 2 Petr 3,8 hilft sich mit dem Hinweis auf Ps 90,4, daß „beim Herrn ein Tag wie tausend Jahre und tausend Jahre wie ein Tag sind". Gott hat also einen anderen Zeitmaßstab als wir Menschen.

So werden wir immer wieder darauf achten müssen, daß Frömmigkeit nicht in Randzonen abdriftet. Dies ist dann besonders wichtig, wenn neue Phänomene und Charismen erfahren werden. Die Faszination des Neuen kann ja Ansatzpunkt für eine Fehlentwicklung werden. Wir müssen aber andererseits verstehen, daß Menschen, die von einer Offenbarung Gottes getroffen werden, oft den Zeitbegriff verlieren. Das läßt uns zunächst verständnisvoller sein, wenn manche gelegentlich den Inhalt ihrer Erfahrung sprachlich überzogen ausdrücken. Was sie schauen, ist ihnen dann alles gleichzeitig und steht mit einer solchen Wucht der Realität vor ihrer Seele, daß sie es nicht anders ausdrücken können, als daß es „rasch" geschieht - wie der Seher auf Patmos.

Manchmal werden dann Wesensaussagen in die Zeitachse übertragen und wird die Notwendigkeit seines Kommens dem Menschen (gleichsam räumlich) „nahe"-gebracht. Dennoch soll damit nur gesagt werden, daß die Wirklichkeit Gottes souverän vor den Menschen hintritt und seine Entscheidung erwartet. Dieses innere Drängen soll ihn dann zu einer vollen Wachheit der Begegnung herausfordern. Aus einer „Naherwartung" muß so immer wieder eine „Stetserwartung" werden, eine Haltung, die sich ganz auf die je neue Ankunft Gottes und auf ihre abschließende Vollendung einstellt, in dem Wissen, daß wir die Art und Weise ganz ihm überlassen müssen.

So wird „Eschatologie", das heißt das Schauen auf die „letzte Erfüllung", zu einem Grundmuster christlichen Lebens: Uns ohne Hektik und ohne Nachlässigkeit ganz so auf das Kommen des Herrn einstellen, daß wir schon jetzt - in dieser Erwartung - ganz bei ihm sind.

7. Maranatha - Gegenwart und Ankunft des Herrn

Maranatha - dieser Ruf prägt die urchristliche Frömmigkeit. Er steht in griechischer Übersetzung am Schluß jenes Buches, das heute die ganze Heilige Schrift abschließt, ein Buch, in dem der Verfasser die Grundsituation der Anhänger Jesu zwischen seiner ersten und zweiten Ankunft kennzeichnet. So faßt dieser Ruf die Beziehung der Jünger zu ihrem erhöhten Herrn zusammen: „Amen. Komm, Herr Jesus!"

An zwei anderen Stellen erscheint diese aramäische Formel selbst im griechischen Text. Sie steht damit in der Reihe jener Gebetsrufe, die aus der „Muttersprache" der Urchristen übernommen wurden: das hebräische „Halleluja", „Hosanna", „Amen" und das aramäische „Abba". Nicht als ob jene Rufe unübersetzbar gewesen wären; aber offensichtlich werden in ihnen Heilserfahrungen festgehalten, die so tief gehen, daß sie den hebräisch und aramäisch sprechenden Verkündern spontan in der Muttersprache oder der Sprache der Liturgie über die Lippen kommen - darunter die Grundbeziehungen zum „Vater" (Abba) und zum „Herrn" (Maran) Jesus. Wir sind am Urgestein christlicher Frömmigkeit.

Die Unsicherheit, die bis heute über der Deutung unserer Formel liegt, zeigt zugleich die Spannung, die im Wesen dieser Beziehung liegt. Je nachdem, wie man die Silben trennt, ist zu übersetzen:

maran atha - Vergangenheit: Unser Herr ist gekommen (in der Geschichte).
- nachwirkendes, präsentisches Perfekt: Unser Herr ist da (im Gottesdienst, in der geistlichen Erfahrung).

7. Maranatha

- Partizip: Unser Herr ist im Kommen (ständiger Pro-zeß).
marana tha - Imperativ: Unser Herr, komm! <als Anruf>![12]

7.1 „Unser Herr ist da."

Die ältesten Belege scheinen eher den ersten Sinn vorauszusetzen. Am Schluß des 1. Korintherbriefes, nach Mitteilung der Grüße einiger Mitarbeiter, fügt Paulus hinzu (16,21-24): „Der Gruß mit meiner, des Paulus, eigener Hand. Wenn einer den *Herrn* nicht liebt, sei er ausgeschlossen. *Maran atha*. Die Gnade des *Herrn* Jesus mit euch. Meine Liebe (ist) mit euch allen in Christus Jesus." - Dreimal ist hier vom „Herrn" die Rede. Die erste Stelle spricht vom Fehlen einer *gegenwärtigen* Beziehung; die dritte wird zwar oft als Wunsch übersetzt, aber in Parallele zu Vers 24 ist auch dieser Satz eher als Aussage zu verstehen: Die Gnade des Herrn *ist* mit euch.

Teilt man die dazwischen stehende aramäische Formel so ab, wie wir es hier getan haben, wäre auch dies eine Aussage. Inhaltlich liegt dies näher. Denn worauf will dieser Ruf antworten? Will Paulus sagen, daß derjenige, der gegen den Herrn lieb-los ist, ausgeschieden werden soll, weil der Herr *erwartet* wird oder weil er „*in unserer Mitte ist*"? Doch wohl das Letztere. Im übrigen paßt ein Bittruf auch formal nicht in diese Reihe: Paulus würde sich plötzlich von den Adressaten weg zum Herrn wenden und sie dann wieder sofort ansprechen. So ist die präsentische Deutung hier wahrscheinlicher: „Unser Herr (ist gekommen und) ist da!"

---

[12] Näheres bei: Kuhn, K.G., Artikel „Maranatha", in: Kittel, Theologisches Wörterbuch zum NT IV, 470-475.
H. Haag, Artikel „Maranatha", in: Haag, Bibel-Lexikon, Köln 1956.
Schmidt, C., „Ho Kyrios aelthen" - zur partizipialen Deutung, in: Zeitschrift für Neutestamentliche Wissenschaft 24 (1925) 98.
Adam, A., Erwägungen zur Herkunft der Didache, in: Zeitschrift für Kirchengeschichte 68 (1957) S. 5f. bringt Hinweise zur partizipialen Deutung, etwa im Westsyrischen und in der nestorianischen Liturgie.

Auch die Didache, die Zwölfapostellehre (10,6), führt die Formel ein im Zusammenhang von Prüfung und Unterscheidung. Die Einladung zum Empfang der Eucharistie lautet: „Hosanna dem Gotte Davids. Ist einer heilig, so trete er herzu! Wer es nicht ist, der tue Buße! Maran atha. Amen." Hier also gibt „Maranatha" einen Grund an, warum der Sünder nicht hinzutreten kann, sondern erst Buße tun muß: Weil der Herr *da ist*, weil er in den eucharistischen Gestalten *gekommen* und im Mahl *unter uns ist* (und nicht, weil die Gemeinde betet: Komm, Herr!). Wie in dem Paulustext, wäre es merkwürdig, wenn die Anrede an die Gemeinde unversehens in einen Bittruf an den Herrn überginge. Auch wenn vorher davon die Rede war: „Es komme die Gnade und es vergehe diese Welt", so sind doch die beiden aramäischen Rufe viel eher als Bekräftigung der Einladung zu dem Gekommenen zu verstehen, und zwar eine Einladung sowohl an den, der „heilig" ist, als auch an den, der der Buße bedarf.

Darum ist Conzelmanns „Vermutung" nicht überzeugend,[13] daß dieser Ruf „ein Anruf an den Herrn ist: Komm"; denn wenn dabei „offenbleibt, ob der Herr zum Mahl geladen wird oder ob seine Parusie erbeten wird", so wären beide Möglichkeiten in diesem Zusammenhang recht merkwürdig, als ob nach der Einladung an die Gemeinde nun auch der Herr „eingeladen" würde. *Er* ist derjenige, der einlädt (Mt 26,26f). Ebensowenig aber paßt *in diesem Moment und bei dieser vorangehenden Fragestellung* von „heilig und unheilig" eine „Bitte um die Parusie", die ja dann schwerlich für den Augenblick der Eucharistie erwartet, sondern nur allgemein herbeigesehnt worden wäre. Für den, der „nicht heilig" ist, wäre dieser Ruf dann eine Art Druckmittel zur Buße. All

---

[13] H. Conzelmann, Der 1. Brief an die Korinther (Kritisch-exegetischer Kommentar), Göttingen 1969, S. 360. Dort, bei 1 Kor 16,22, auch Hinweise zur Kontroverse und auf weitere Literatur.

7. Maranatha

das paßt nicht in diesen Kontext. Vielmehr geht es um die sakramentale Präsenz, vgl. 1 Kor 11,25-29.[14]

"Unser Herr ist gekommen, ist anwesend" - in diesem Ruf ist offensichtlich etwas von der urchristlichen Erfahrung der Gegenwart des erhöhten Herrn festgehalten. Es sind, ähnlich wie in Emmaus: Lk 24,31, Momente von großer Dichte, in denen sich die Zweifel wie Nebel auflösen, weil seine "Nähe" spürbar wird. Dabei wird die Gegenwart Jesu "im Geiste" erfahren, da der Geist auf Jesus hinweist. So, wenn auf das Gebet der Urgemeinde hin "der Ort bebte, an dem sie versammelt waren und alle mit dem Heiligen Geist erfüllt wurden" (Apg 4,31), oder wenn Paulus sagt: "Niemand kann sagen: Herr ist Jesus, außer in heiligem Geist." (1 Kor 12,3) Außenstehende wurden immer wieder dadurch hinzugewonnen, daß sie durch die Begegnung mit einem Christen oder einer Gottesdienstgemeinde "überzeugt" wurden: "Und so wird er sich niederwerfen, Gott anbeten und ausrufen: Wahrhaftig, Gott ist unter euch." (1 Kor 14,25) In diesem staunenden Wahrnehmen der machtvollen Gegenwart des Herrn ereignete sich somit für den einzelnen immer wieder das, was die Jünger zunächst in ihrem geschichtlichen Zusammensein mit dem Herrn, dann aber besonders nach seiner Auferstehung und in der Geistsendung erlebt hatten: "Es ist der Herr." (Joh 21,7) - "Du bist der Sohn Gottes, der Heilige Israels." (Joh 1,49) - "Wer ist dieser?" (Mk 4,41; vgl. 8,21 // Joh 20,28)- "Mein Herr und mein Gott!" Und: "Der Tröster wird von dem Meinigen nehmen und euch verkünden." (Joh 16,14) Die sinnenhaft wahrnehmbare Präsenz des Menschen Jesus von Nazaret wurde so mehr und mehr transparent für die Tiefe der Gottheit. Darum ist unsere

---

[14] Adam, vgl.o. Anm. 12, ebd. S. 6, weist hin auf die manichäische Formel: "Der Erlöser ist gekommen", mit der die kultische Gegenwart des "Heilbringers Mani" angezeigt wird.

Formel auch nicht direkt eine Aussage über das geschichtliche Kommen Jesu in Nazaret - obwohl dies selbstverständlich im Hintergrund steht -, sondern über sein Kommen im Sakrament und in der geistlichen Erfahrung. Denn die Sinneswahrnehmung als solche führt ja nicht notwendig zur Erkenntnis Jesu; das zeigt die vielfältige Ablehnung, die ihm entgegenschlug. Darum sagt Jesus zu Petrus: „Nicht Fleisch und Blut haben dir das offenbart, sondern mein Vater im Himmel." (Mt 16, 17)

So führt Jesus seine Jünger langsam heran zu einer tieferen Art der Wahrnehmung; und er formt sie um durch eine neue Art der Präsenz nach seiner Auferstehung und in der Geistsendung. Er ist nun nicht mehr in der gleichen Weise für sie greifbar und sichtbar und wird doch an den Auswirkungen und der Atmosphäre, die von ihm ausgeht, als derselbe erkannt (Joh 21,7). Denn die Jünger erkennen darin die gleiche persönliche „Ausstrahlung" oder „Herrlichkeit" - „Doxa - Kabod" (vgl. 2 Kor 3). Die Jünger erkennen ihn an dem Frieden, der sie erfüllt, an der Art der Freude und der tiefen Sicherheit, in der Ehrfurcht, dem Staunen und dem „Trauen" (Glauben - pistis), das sie in sich wahrnehmen (vgl. Röm 14,17; 2 Tim 1,12). „Laßt euch ja nicht bekümmern; der Herr ist nahe (= in der Nähe)!" Auch diese Aufforderung von Phil 4,4 zur Offenheit gegenüber allen Menschen und zur Freude wird ja nicht damit begründet, daß der Herr bald *kommt*, sondern daß der Herr schon *da ist*, in unserer Nähe. „Nahe" ist also hier nicht zeitlich, sondern räumlich oder besser „existenziell" zu verstehen.

Im gleichen Sinne interpretiert H. Schlier[15]: „Nach dem Apostel Paulus stimmt die Nähe des auferweckten und

---

[15] Schlier, H., Über die Auferstehung Jesu Christi, Einsiedeln 1968, S. 64f. - Und das zweite, hier nachfolgende Zitat: Schlier, H., Der Herr ist nahe. Adventsbetrachtungen. Freiburg ²1975, S. 57f. Dieser zweite Text ist aufgenommen in: Die Feier des Stundengebetes. Lektionar II/1 unter dem 23. Dez., S 125f.

7. Maranatha

erhöhten Herrn in diese Freude, Phil 2,18; 3,1; 4,4. Sie strömt aus in der Sorglosigkeit und in dem milden Wesen gegenüber allen Menschen, Phil 4,5f. Sie entzündet sich aber auch beim Herrenmahl zur ‚agalliasis', dem eschatologischen Jubel der versammelten Gemeinde, der den Jubel der Vollendung jetzt schon vorausnimmt' Apg 2,46; vgl. 1 Petr 1,6.8; 4, 13." Und an anderer Stelle: „In welcher Weise können wir denn ‚in ihm' sein? ... Wie können wir uns seiner freuen, können zur Freude ‚in ihm' gelangen, wenn er als der Gekreuzigte und Auferstandene und Erhöhte nicht gegenwärtig ist, gegenwärtig in der Gegenwart unserer Welt und Zeit? Darauf gibt der Apostel mit seiner Formulierung Antwort: ‚Der Herr ist nahe' (Phil 4,5) ... Dieses ‚Nahesein' meint nicht nur und nicht zuerst und zuletzt ein Nahe-sein im zeitlichen Sinn. Es meint eine sachliche Nähe, ein Nahegekommen und in der Nähe, ein in das Erreichbare und das Erreichen Gerücktsein. Und es meint dies auch in der zeitlichen Nähe. Es meint mit anderen Worten, daß seine Ankunft in Kreuz und Auferstehung zu Gott zugleich ein Ankommen in die Nähe zu uns ist. Er ist uns nahegekommen und ist in unserer Nähe. Ja, man kann sagen: Er ist uns nahe."

Paulus lebt ständig in diesem Kontakt mit dem gegenwärtigen Herrn, den er in seinem Gewissen wahrnimmt und der ihn führt (1 Thess 2,4; 2 Kor 1,12.18-23; 2,17; 5,10). Und auch wenn Petrus den Gelähmten heilt, wenn er mit Johannes vor dem Hohen Rat steht und Zeugnis ablegt, wenn die Jünger miteinander das Brot brechen (vgl. Didache 10,6), den Getauften zum Empfang des Heiligen Geistes die Hände auflegen oder wenn sie verbindliche Beschlüsse fassen (Apg 15,28), immer wieder ereignete sich neu die Gegenwart des Herrn: „Der Herr stand ihnen bei und bekräftigte die Verkündigung durch die Zeichen, die er geschehen ließ." (Mk 16,20) Ist es verwunderlich, daß diese immer neue, überraschende Präsenz Jesu gelegentlich bewußt gemacht wurde in dem Ruf: „Maran atha" - „der Herr ist gegenwärtig, ist gekommen", oder auch: „ist im Kommen"?[16] So gibt es bis heute Lebenssituationen oder Gottesdienste, in denen ein Mensch plötzlich weiß: „Der Herr ist da" - nicht als Gefühlsaufwallung, sondern als Erkenntnis des Glaubens.

7.2 „Unser Herr, komm!"

Marana tha - in dieser Silbentrennung - heißt: „Unser Herr, komm." Diesen Ruf *übersetzt* Offb 22,20 als Bittruf der Braut. Dann tritt eine andere Akzentuierung in den Vordergrund: Aus dem überraschten Staunen über seine Gegenwart erwächst ein Ruf der Sehnsucht. Weil die Gemeinde die Präsenz Jesu schon erfahren hat - im persönlichen Leben mit ihm und im Gottesdienst -, betet sie von neuem: „Komm, Herr!" Aber in welchem Sinne? Allzuleicht wird dies „selbstverständlich" auf die „Wiederkunft in Herrlichkeit" bezogen. Doch ist von den bisherigen Ergebnissen her (vgl. auch o. 1.3 und 6) zu fragen, ob es nicht auch eine Bitte um sein tägliches Kommen sein könnte. Es wäre dann eine Bitte um die aktuelle Erfahrung seiner Gegenwart in unserem Heute, so wie wir etwa am Beginn eines Gottesdienstes singen: „Komm in unsere Mitte, o Herr", oder: „Komm, Heiliger Geist", d.h. „Komm jetzt mit Deiner Kraft in unsere Herzen", wobei wir durchaus auch auf wahrnehmbare Wirkungen des Geistes gefaßt sein müssen.

---

[16] Adam, S. 6 (vgl. o. Anm. 1) verzeichnet als „Merkwürdigkeit": Bei einem Besuch des syrischen St.-Markus-Klosters in Jerusalem im September 1954 gab der dortige Bibliothekssekretarius, ein arabisch-, syrisch- und englischsprechender Mönch, den Ausdruck aufs bestimmteste mit *moran ote*, in westsyrischer Aussprache und mit Penultimabetonung wieder, also partizipial: ‚Der Herr ist im Kommen'. Er lehnte die perfektische Deutung, also die Lesung *moran eto*, die ich ihm vorschlug, mit allen Zeichen des Entsetzens ab und verwarf die imperativische Lesung *morano to* als lächerlich." - Adam vermerkt, daß die partizipiale Lesung *maran 'ate*, die bisher „noch nicht diskutiert wird", vom rein linguistischen Standpunkt aus „hinsichtlich der zu überwindenden Schwierigkeiten mit der perfektischen *maran 'eta* auf gleicher Stufe" stehe.

7. Maranatha

In der Offenbarung des Johannes (Offb 22,20) ist dieser Ruf zweifellos zunächst so präsentisch gemeint; denn einmal ist die Apokalypse eine Darstellung der Grundkräfte während der ganzen Zeit der Kirche und nicht etwa nur während der „letzten Tage" vor dem „Untergang" (vgl. o. 1.3 und u. 8.3). Die Mahnung an die Gemeinde in Laodizea meint ja gerade dieses tägliche Kommen: „Siehe, ich stehe vor der Tür und klopfe an." (Offb 3,20) Die „Ankunft" des Herrn kann also im Verständnis dieses Buches durchaus ein immer wiederkehrendes Ereignis sein. Zum andern aber spricht der unmittelbare Kontext zunächst von der Ankunft während dieser Letztzeit (Jetztzeit): „Der Geist und die Braut sagen: Komm! Wer es hört, der rufe: Komm! Wen dürstet, der komme. Wer will, empfange umsonst das Wasser des Lebens." (Offb 22,17) Das Wasser des Lebens ist in johanneischer Theologie ein Symbol für den Geist (Joh 7,39), also zunächst für das, was der Herr Tag für Tag seiner Gemeinde und jedem einzelnen geben möchte.

Selbstverständlich klingt in diesem Text mit an, daß dieser Prozeß seinem Ende und Höhepunkt zustrebt, und die Verheißung „Ich komme rasch" schließt gewiß die Wiederkunft am Ende der Geschichte nicht aus (vgl. Offb 1,7; 22,7f; Apg 1,11). Es soll also nicht geleugnet werden, daß Maranatha auch diese Sehnsucht nach der endgültigen Wiederkunft zum Ausdruck bringen kann; nur ist dies eben ein weiterer Aspekt und wohl kaum der ursprüngliche. Zumindest ist es legitim, die urchristliche Sehnsucht nach der endgültigen Wiederkunft des Herrn zu verstehen aus der bereits geschenkten Erfahrung seiner Gegenwart und aus der Sehnsucht nach einer täglichen Erneuerung und Vertiefung dieser „Erfahrung des Heiles": Weil Er immer wieder präsent wird, weckt er die Sehnsucht nach einem Wachstum seiner Lebensmacht in uns bis zur Vollendung.

7.3 Ad-vent

Damit verweist uns dieses Wort auf den „Ad-vent" - was ja „An-kunft" bedeutet. Wir können ihn nur in diesem

Dreiklang richtig vollziehen: 1. „Der Herr *ist gekommen*" (geschichtlich auch „in der Fülle der Zeit") und „*ist da*" (sakramental; existentiell in den ‚Höhepunkten' meines Lebens); 2. „der Herr *kommt jetzt*" (wenn man ihn im Geist als Kommenden ‚erfährt'); 3. „der Herr *wird wieder*-kommen" (Ausblick auf das Ende). Dann wird am Ende der Tage offenbar werden, was wir jetzt schon sind (vgl. 1 Joh 3,2). Je mehr wir diesen inneren Zusammenhang begreifen, um so gelassener können wir den Termin seiner letzten Ankunft *ihm* überlassen, ohne durch Prophezeiungen und Vermutungen beunruhigt zu werden, wie es heute wieder häufig geschieht, aber auch ohne die Sehnsucht nach seinem endgültigen Erscheinen erlahmen zu lassen (1 Thess 5,2.6).

Es ist ein schmaler Grat zwischen einer Fixierung auf das „nahe Weltende" (wobei dies leicht zu einem Alibi werden kann, sich der Verantwortung für die kommenden Generationen zu entziehen und sich zu benehmen, als ob wir die „Letzten" wären) und jener anderen Fehlhaltung, welche das Endgericht, die endgültige Erlösung und eine letzte Sinnerfüllung jenseits dieser Geschichte nicht ernst nimmt. Der Christ findet diesen „schmalen Pfad" (Mt 7, 14) nur, wenn er die Botschaft von der „Ankunft" von der inneren Lebendigkeit einer persönlichen Begegnung mit dem Herrn her versteht. Die Spannung, die in der Bedeutung jener aramäischen Formel liegt, besteht dann nicht so sehr in der Verschiebung auf einer Zeitachse (Gegenwart - Zukunft), sondern liegt in der Logik der Beziehung, um die es geht: „Ich bin dem Herrn begegnet, und darum sehne ich mich nach seinem Kommen heute und alle Tage meines Lebens ‚bis ans Ende der Welt' (vgl. Mt 28,20)."

Mit dieser Abwandlung des Matthäusschlusses ist hier die dementsprechende menschliche Verhaltensweise gekennzeichnet: Der Zusage der täglichen Anwesenheit des Herrn entspricht unser Glaube an seine tägliche Gegenwart und die Erwartung seiner täglichen Ankunft - bis ans Ende. Freilich steht bei manchem Christen diese Erwartungshaltung unter einem geheimen Leistungsdruck, etwa: „Wenn ich mich nur darauf einstelle und wachsam bin, wird der Herr gewiß kommen." Unversehens hängt dann nach seiner Meinung das Kommen des Herrn von seiner Aktivität ab, und er ist dann enttäuscht, wenn der Herr nicht so kommt, wie er es erwartet hatte. Aber die Wachsamkeit des Menschen soll ja nicht das Kommen des Herrn bewirken, sondern nur dazu helfen, daß wir Ihn nicht verpassen, soll also Hindernisse beseitigen. Das Kommen ist Sache des Herrn. Er kommt aus eigener Initiative, und zwar „wenn ihr es nicht vermutet" (Lk 12,40; Mk 13,33-37 - das ist etwas anderes als „erwarten"!).

Die Grundhaltung des Ad-vent ist darum nicht jene, die drängend den Herrn herbeizuziehen sucht, sondern die, welche seiner Verheißung traut und darin ruht: „Herr, es ist Deine Sache, zu kommen." (vgl. Röm 10,16f; Eph 4,9) „Ich will Dir glauben, daß Du ganz von Dir aus auf mich zukommst, wie Du es seit Abraham immer wieder getan hast." Kein Mensch kann das heilsgeschichtliche Handeln Gottes herbeiführen; es ist reine Gnade, damals wie heute. Plötzlich erkennen wir in der Tiefe, daß wir nichts „in der Hand" haben, sondern nur „in seiner Hand" sind. Und dies bedeutet Freiheit; Befreiung von jedem Leistungsdruck und aller Angst um uns selbst; Befreiung zu einem Vertrauen von der Wurzel her. Denn der Mittelpunkt meines Lebens liegt dann nicht mehr in mir selbst, sondern in einem anderen. Insofern ist der Christ ein „ex-zentrischer" Mensch, um ein Wortspiel zu wagen, ein Mensch, der das Zentrum seines Lebens außerhalb seiner selbst hat. Und „Maranatha" ist so verstanden ein Ur-Gebet dieses Heilsverständnisses; die jungen Christen brachten darin das totale Getragensein vom gegenwärtigen und kommenden, aber unverfügbaren Herrn zum Ausdruck.

Maranatha - das heißt dann, wahr-zu-nehmen, wo Er schon gekommen ist und wo Er Sein Kommen ankündigt. Und Ad-vent ist so zuerst eine Aussage über *Sein* Tun. Advent feiern aber bedeutet, *Seine* tägliche Ankunft feiern:

sie wahr-nehmen, für sie danken, von ihr berichten, durch unser Tun auf sie antworten. Eine Adventsgemeinde ist also jene, die aus dieser Gegenwart und Ankunft des Herrn lebt, die das Heil und die Gerechtigkeit Gottes wahrnimmt, den Frieden und die Freude im Heiligen Geist. Die Schrift sucht nach Worten, um diese neuartige Erfahrung des Herrn zu vermitteln: In den Osterberichten noch verhalten angedeutet, wird sie von Paulus gedeutet durch den alttestamentlichen „Kabod Jahwe'"; die „Herrlichkeit des Herrn" leuchtet auf in der „Doxa Christi". Es ist die Ausstrahlung seiner Persönlichkeit, das Fluidum und der Glanz, der ihn umgibt, das Flair seines Geistes, die Erfahrung von Licht und Leben, Freiheit und Gelöstheit, auch in den unscheinbaren Formen. Und Johannes spricht immer wieder von der „Liebe" als dem Kennzeichen seiner Anwesenheit. Ignatius von Loyola aber wird die paulinische „Tröstung" aufgreifen. (2 Kor 1,3-7) Wo ereignet sich das in unserem Leben, wo erfahren wir seine Liebe, das „Leuchten seines Angesichtes"?

Schon die Tatsache, daß wir glauben und beten können, ist ein Aufweis Seiner Nähe. Glaubenserfahrung ist ja im Kern nichts anderes, als daß in unserer Gottesbeziehung Seine Nähe und die Haltung des Trauens bewußt wird und Gestalt gewinnt. Und gelegentlich wird es in Gottesdiensten, in Gebetsgemeinschaften, im persönlichen Gebet oder mitten im Alltag, in Krisenzeiten oder Höhepunkten zur Gewißheit: „Der Herr ist da, mitten unter uns. Maranatha."

8. Die Offenbarung des Johannes – ein Ruf zur Entscheidung

Um das letzte Buch der Heiligen Schrift machen wohl die meisten Katholiken – Theologen nicht ausgenommen – einen Bogen. Man sagt, es sei ein „Buch mit sieben Siegeln", ohne zu bedenken, daß die Siegel im Lauf des Buches gelöst werden. Andere verfallen bei seiner Lektüre einer gewissen

Faszination und verlieren sich in Einzelheiten und machen abstruse Anwendungen und Vergleiche. Künstler bleiben zuweilen bei den dunklen Bildern hängen, ohne den Goldgrund zu beachten, auf dem nicht nur das Mittelalter, sondern auch der Seher selbst die furchterregenden Vorgänge gemalt hat. Die Liturgie wählt meist nur helle, positive Bilder aus, was berechtigt ist, da sie immer nur Teile der Heiligen Schrift zur Sprache bringen kann. Der Bibelleser und Theologe jedoch darf sich nicht davon dispensieren - so als sei es ein Unfall der Kanongeschichte -, das ganze Buch in den Blick zu nehmen. Otto Knoch ist der Tendenz entgegengetreten, die „Frohbotschaft für angefochtene Christen" zu einer „Drohbotschaft kleingläubiger Fanatiker und selbstgerechter Sektierer" zu machen.[17] Fragen wir also vom Ganzen der Heiligen Schrift her, von Aufbau, Gattung und Inhalt nach der theologischen Aussage dieses Buches.

8.1 Die Apokalypse im Ganzen des Neuen Testaments

Die Unsicherheit gegenüber der Offb mag damit zusammenhängen, daß der Begriff „apokalyptisch" einseitig mit Schrecken verbunden wird. Aber als Schlußwort der christlichen Offenbarung hat die „Apokalypse" einen unverzichtbaren Part in der Botschaft der biblischen Bücher. So dürfen wir weder eine angeblich „stroherne Epistel" (nämlich den Jakobusbrief) noch die Offb „*nicht* hoch achten, da Christus darin weder gelehrt noch erkannt" werde, wie Luther im Vorwort zur Septemberbibel 1522 schrieb. Der Heilige Geist hat eine Absicht gehabt, als er dieses Buch „inspirierte", so

---

[17] Knoch, O., Apokalyptische Zukunftsängste und die Botschaft der Offenbarung des Johannes, in: Theologisch Praktische Quartalschrift 137 (1989) 327-334, hier: S. 333. - Ähnlich: Heinz Giesen, Ermutigung zur Glaubenstreue in schwerer Zeit. Zum Zweck der Johannesoffenbarung, in: Trierer Theologische Zeitschrift 105 (1996) 61-76. - Unser (hier leicht veränderter) Beitrag erschien ursprünglich in der Festschrift für Otto Knoch, s. die Literaturhinweise am Ende dieses Buches: a) Quellen; dort mehr Literaturverweise.

daß wir nur im Anschauen des Ganzen der Schrift und im Aushalten der Spannungen zwischen den einzelnen Büchern die Mitte der Botschaft, das „ewige Evangelium" (Offb 14,6) erfassen.

Die Offb setzt *einen bestimmten* Akzent und darum kann man sie nicht ohne die Evangelien lesen. Sie setzte ja auch beim damaligen Leser die Kenntnis der Botschaft Jesu voraus. Aber fehlt nicht andererseits der dort vermittelten Botschaft von der Wehrlosigkeit der Liebe Gottes eine Komponente der Eindeutigkeit und Kraft, wenn wir jene Bücher ohne die Offb lesen? Dürfen wir denn in den Evangelien selbst jene Passagen unterschlagen, die mit der „dunklen Stimme" in der Offb zusammenklingen (etwa: „wo der Wurm nicht stirbt..." Mk 9,48), auch wenn sie in dieser schärfere Konturen erhalten?

Gleich die Berufungsvision (1,9-20) leuchtet den Hintergrund des bescheidenen, menschgewordenen Sohnes aus, indem sie seine Gestalt bis zu den Sternen emporwachsen läßt und ihn allen Gemeinden gleich-zeitig und gleich-örtlich macht. Die kosmischen Ausmaße dieser Gestalt, die dennoch ihre „Hand" auf den Seher legt (1,17), verdeutlichen die Spannung, die ja auch in den Evangelien und in den Briefen selbst enthalten ist. Das Zugleich von Hoheit und Niedrigkeit, das Mk im Messiasgeheimnis und Joh in der überlegenen Rede des Logos einzufangen suchen, kommt großflächig im Ganzen der Schrift noch einmal dadurch zum Ausdruck, daß nun der demütige Jesus von Nazaret als das Lamm „auf dem Thron" dargestellt wird, vor dem die „Ältesten" sich niederwerfen und jene Menschen, die ihn ablehnen, „zittern" (5,9; 6,15-17). Da wir in unserer begrenzten Sprache und Vorstellungskraft niemals alles zugleich in den Blick bekommen, führt Gott uns durch Gegensätze hindurch zu dem je größeren und unergründbaren Geheimnis.

Doch welches Gottesbild steht dahinter, wenn der Retter-Gott derselbe ist, der auch die Bösen bestraft? Letzteres wird hier nur deutlicher ausgemalt als etwa in Mt 25,41-46. Und was, wenn schließlich vom „Zorn des Lammes" die Rede ist (6,16), vom „tötenden Schwert" aus dem Munde dessen, der sich am Kreuz „schlachten" ließ (19,21)? Genau besehen ist doch auch dies nur eine Entfaltung und Verdeutlichung dessen, daß er in seiner „Ohnmacht" den „Fürsten dieser Welt hinauswirft" und „die in den Gräbern" zu einer Lebens- *oder* Gerichtsauferstehung ruft (Joh 12,31; 5,29). Es besteht also nicht etwa ein grundsätzlicher Gegensatz zwischen Evangelien und Briefen einerseits und der Offb andererseits, da alle Schriften beide Pole enthalten. Und doch ist es wahr, daß die Offb den „Zorn Gottes" kräftiger zeichnet und damit einen Kontrapunkt setzt zu der „milderen Botschaft" anderer Bücher des Neuen Testaments.

8.2 Aufbau der Offb
Mögen die Einzelelemente aus verschiedenen Quellen stammen, so ist doch der Gesamtaufbau, wie er uns vorliegt, ein großartig angelegter Wurf, der den einzelnen Passagen eine Funktion im Ganzen zuweist. Die Frage nach der Struktur ist darum weniger eine Suche nach den Quellen als nach der Aussageabsicht des (letzten) Verfassers, also eher eine redaktionsgeschichtliche Betrachtung. Trotz aller Unterschiedlichkeit in der Einteilung gibt es in den Kommentaren einen Grundkonsens über die Zusammengehörigkeit von 1,9 bis 3,22, von 4,1 bis 22,5 - dem „Hauptteil" - sowie über den ‚brieflichen Rahmen', der beides umschließt. Weitere Zäsuren werden von den meisten Autoren gesehen vor 10,1; 12,1; 17,1 und 19,1; 19.6 oder 19,11, auch wenn diese Zäsuren unterschiedlich gedeutet und die einzelnen Abschnitte unter je anderen Rücksichten zusammengefaßt werden. Divergierend sind die Meinungen, ob eine weitere größere Zäsur vor 20,11; 21,1; 21,5 oder vor 21,9 anzusetzen sei oder ob 19,11 (resp. 19,6) bis 22,5 zusammengehören und eine weitere Siebenerreihe darstellen.

Schaut man stärker auf die inhaltlichen Einteilungsprinzipien, dürfte aber eine letzte Hauptzäsur vor 20,11 liegen:

a) Nachdem in Kap. 4 und 5 die Gestalt des Thronenden geschaut und beschrieben worden war, spielen sich zwar von 6,1 bis 20,10 viele Ereignisse „vor dem Thron" ab, aber der Thronende selbst kommt nicht mehr in den Blick. 20,11 dagegen setzt ein: „Und ich sah einen großen weißen Thron und den auf ihm Sitzenden".

b) Obwohl bereits in 16,20 „jede Insel floh und kein Berg mehr zu finden war", bleibt doch die Erde als Ort erhalten, auf den der „Hagel" niederprasselt und noch in 20,9 „Feuer vom Himmel" fällt. In 20,11 dagegen „fliehen die Erde und der Himmel, und es gibt für sie keinen Ort mehr". Mit dem Aufhören des Raumes ist auch das *Ende der Zeit* erreicht (angekündigt in 10,6); und damit ist eine völlig neue Situation entstanden.

c) Schließlich liegt an dieser Stelle die *Zäsur „Tod"* (vgl. 20,14). Während noch bis 20,9 Menschen sterben, werden in 20,12 „die Toten, die Großen und die Kleinen" aus ihren Gräbern (Meer, Tod und Hades) herausgeholt und „vor den Thron gestellt", um für immer den Ort ihrer Bestimmung zu erhalten.

Diese dreifache Zäsur zeigt deutlich, daß mit 20,11 die Grenze der Zeit endgültig überschritten ist und nun das „Neue" beginnt. Das „Gericht" ist hier jenseits der Grenze von Raum und Zeit gedacht und bildet somit den Auftakt zu der neuen, endgültigen Existenzweise. Einheitliches Thema dieses letzten Abschnittes 20,11-22,5 ist also die Begründung und Beschreibung der beiden Zustände im „Feuersee" oder „Neuen Jerusalem". Wenn bereits in 19,20 vom „Feuersee" die Rede gewesen war, so besagte das dort keinen Platz für die „Irdischen", die Menschen, sondern den „Ort" für die übermenschlichen feindlichen Mächte. Die verurteilten Menschen aber werden erst in 20,15 an jenen Ort gebracht (20,15; 21,3), während für die Erlösten nun ein „neuer Himmel und eine neue Erde" geschaffen werden (21,1).

8. Offenbarung des Johannes

Von daher ergibt sich nun auch eine andere Gesamtperspektive. In den vorhergehenden Blöcken spielt sich nämlich eine gewaltige Dramatik auf der „alten" Erde ab. Dabei sind nochmals zwei in sich geschlossene Teile zu unterscheiden: Während von 4,1-16,21 Gott um die Menschheit ringt, geht es in 17,1-20,10 darum, daß Gott einen Schlußpunkt setzt. Dies läßt sich an typischen Eigenarten dieser beiden Teile zeigen. Zu Teil II:

a) Tragendes Gerüst von 4,1-16,21 - nennen wir es Teil II - sind die drei Siebenerreihen[18], jeweils eingeführt durch eine „Einleitungsvision" (4/5; 8,2-5; 15,1-16,1).

b) Zwischen diese Reihen ist dreimal - wie die Finger der einen Hand in die der anderen - ein längerer Einschub (vielleicht aus einer anderen Quelle) eingefügt: 7,1-17 nach dem 6. Siegel, 10,1-11,14 nach der 6. Posaune (gleichsam als retardierendes Moment, um den Menschen noch eine Chance zur Umkehr zu geben) und 12,1-14,20 als „erste Zeichengruppe", bevor die sieben Schalen als letzte Plagen ausgegossen werden. Im letzteren Fall geht das „retardierende Moment" bereits der Siebenerreihe

---

[18] Nämlich jene, die im Buch selbst mit einer Zählung versehen sind (nur die letzten beiden sind „Plagen" s.u.). Weitere vermeintliche Siebenerreihen (oder auch Sechserreihen) entstehen durch eine nachträgliche Zählung der Ausleger, doch besteht darüber keine Einigung. - Einen Überblick gibt: Läpple, A., Die Apokalypse nach Johannes, München 1966, 51-58.
Weitere Kommentare:
Giesen, H., Die Johannesapokalypse (Stuttgarter Kleiner Kommentar 18), Stuttgart: Kath. Bibelwerk 1986. - ders., Die Offenbarung des Johannes (Regensburger NT), Pustet: Regensburg 1996.
Giesen/Gollinger/Läpple, div. Beiträge in: Bibel und Kirche 39 (1984) Heft 2 „Apokalypse".
Pohl, A., Die Offenbarung des Johannes I und II (Wuppertaler Studienbibel) Wuppertal [8]1986/88.
Vögtle, A., Das Buch mit den sieben Siegeln, Freiburg 1981.
Vgl. auch u. Anm. 22;23 (Stock: empfehlenswert).

voraus und erscheint nach der 6. Schale nur noch in einem kurzen Ruf zur Wachsamkeit (16,15).
c) Daß im ganzen Teil II eine Bemühung Gottes um Bekehrung und Rettung der Menschen vorliegt, erkennt man daraus, daß nach dem 6. Siegel, nach der 6. Posaune, nach dem Tod der „beiden Zeugen" (11,9) und dem Fall der Stadt (11,13d), bei der dritten Siebenerreihe schon nach der 4. und 5. „Schale" und schließlich am Ende der letzten Plage auf die *Reaktion der Menschen* geachtet wird (insgesamt siebenmal): Furcht (6,15-17; 11,9-11), „Sie bekehrten sich nicht" (9,20f; 16,9 und 11) und schließlich: „Sie lästerten Gott wegen der Plage" (16,21; vgl. 16,9.11). Nur einmal heißt es: „Die übrigen gaben Gott die Ehre" (11,13). So darf man sagen, daß es sich bis 16,20 um *pädagogische Maßnahmen Gottes* handelt, ähnlich den Strafandrohungen, welche die Propheten oft genug dem Volk ankündigen, um es wachzurütteln. Das Ziel dieser „Plagen" ist also, die Menschen von ihrem bösen Weg abzubringen, um sie zu retten.

In 17,1 aber (Teil III) ändert sich die Thematik. Das Thema sind nun nicht mehr die Bekehrungsbemühungen Gottes - diese haben einen Abschluß gefunden -, sondern nun wird dargestellt, welche Folgen es hat, wenn man sich endgültig „nicht bekehrt". Es geht aber nicht um ein Nacheinander in der menschlichen Geschichte, sondern um eine dramatische Darstellung von Grundwahrheiten, hier: irgendwann setzt Gott einen Schlußpunkt (18,21). Einer der Schalenengel, welche das „letzte" Werk Gottes zum Wachrütteln der Menschen vollzogen hatten, kommt nun, um das „Gericht über die große Hure" sowie den „Fall Babylons" zu „zeigen" (wie er in 21,9 das neue Jerusalem „zeigen" wird). Keine Einleitungsvision, keine Erwartungen, ob die Menschen sich doch noch ändern, und somit auch kein retardierendes Moment mehr, sondern ein Schlußstrich gegenüber den Hartnäckigen. Im Unterschied zu 20,11 aber geschieht dies noch innerhalb dieser Weltzeit und auf dieser alten Erde.

Soweit es um konkrete Menschen geht, werden diese „getötet", während das erste Tier, der falsche Prophet (= zweites Tier von 13,11) und der Drache nicht ein „irdisches Leben" durch Tod einbüßen, sondern „lebendig in den Feuersee geworfen werden" (19,20; 20,10). Das ist ihre Art zu „sterben", wohin ihnen die unbußfertigen Menschen nach dem Endgericht in ihren „zweiten Tod" folgen werden (20,14).

Formal ergeben sich aus dem 7. Siegel die 7 Posaunen, aus der 7. Posaune die beiden „Zeichengruppen" („Frau" bis „Ernteengel" und die 7 „Schalenengel"); aber aus der 7. Schale erwächst keine weitere Reihe, sondern es folgt eine zweifache Schilderung des Untergangs der Hure/Stadt mit dem dreifachen „Wehe" der „Bewohner der Erde" (damit sind nur die gottfeindlichen Menschen gemeint!) und dem dreifachen „Halleluja" im Himmel. Dies zeigt noch einmal die Andersartigkeit von 17,1-20,10 (= Teil III): Nicht mehr Bemühung Gottes um Bekehrung der Menschen, sondern Beendigung jener Chancen für die Unbekehrten (insofern hat die „Tötung" durch das „Schwert Christi" in 19,21 oder durch „Feuer vom Himmel" in 20,9 eine andere Funktion als das Sterben der Menschen in Teil II) und endgültige Entmachtung der in Symbolgestalten dargestellten treibenden bösen Mächte. So ergibt sich folgende Einteilung:

```
    1,1-8       (Brieflicher) Rahmen
I   1,9-3,22    JESUS (BE-)HÄLT SEINE KIRCHE IN DER HAND
A   1,9-20      Beauftragungsvision
B   2,1-3,22    7 Sendschreiben: Ermutigung oder Warnung

II  4,1-16,21   GOTT RINGT UM DIE MENSCHHEIT
A   4,1-8,1    SITUATION DER MENSCHHEIT (VON JE HER)
    4,1-5,14    Einleitungsvision
                (Thron, Lamm, Buch mit 7 Siegeln)
    6,1-14      1. bis 6. Siegel
    6,15-17     Reaktion der Menschen: Verbergen vor dem
                Zorn
```

	7,1-17	Retardierendes Moment: 144000 auf Erden besiegelt; Erlöste im Himmel
	8,1	7. Siegel: Schweigen. Daraus entstehen:
B	8,2-11,19	PÄDAGOGISCHE STRAFEN GOTTES
	8,2-5	Einleitungsvision (7 Engel, Altar, Weihrauch)
	8,6-9,19	1. bis 6. Posaune
	9,20-21	*Reaktion der Menschen:* Sie bekehrten sich nicht
	10,1-11,8	Retardierendes Moment: Buch, Tempel, zwei Zeugen
	11,9-11	*Reaktion der Menschen:* hämische Freude; Schrecken
	11,12-13	1/10 der Stadt fällt; 7000 Menschen getötet
	11,13d	*Reaktion der Menschen:* Übrige geben Gott die Ehre
	11,14-19	7. Posaune. Daraus entstehen zwei Zeichengruppen:
C	12,1-14,20	DIE TRAGENDEN/TREIBENDEN KRÄFTE IN SYMBOLGESTALTEN
		Frau-Drache; Tiere-Lamm-144000; Ernte (1. Zeichengruppe)
D	15,1-16,21	ZORN - LETZTE WAFFE DER LIEBE GOTTES (2. Zeichengruppe)
	15,1-16,1	Einleitungsvision (Meer, Lied des Mose, 7 Engel)
	16,2-9a	1. bis 4. Schalenengel
	16,9b	*Reaktion der Menschen:* lästern, bekehren sich nicht
	16,10-11a	5. Schalenengel
	16,11b	*Reaktion der Menschen:* lästern, bekehren sich nicht
	16,12-14	6. Schalenengel
	16,15	Retardierendes Moment: Ruf zur Wachsamkeit
	16,16-21a	7. Schalenengel
	16,21b	*Reaktion der Menschen:* Lästerung Gottes

8. Offenbarung des Johannes 151

III 17,1-20,10 GOTT SETZT DEM BÖSEN AUF ERDEN EIN ENDE
A 17,1-19,10 Hure/Stadt Babylon fällt - Klage; Jubel im Himmel
B 19,11-20,10 Entmachtung der treibenden Kräfte; Tötung der Menschen
   19,11-16 Der Reiter: WORT Gottes, König der Könige wirft
   19,17-21 Tier und Pseudoprophet in den Feuersee, tötet ihr Heer
   20,1-3 der Drache wird 1000 Jahre gefesselt
   20,4-6 1000 jährige Herrschaft der „Erschlagenen"
   20,7-10 Satan wird freigelassen; sein Heer wird getötet, der Satan in den Feuersee geworfen

IV 20,11-22,5 DIE UNVERGÄNGLICHE WELT
A 20,11-15 Himmel/Erde vergehen; Gericht über die „Toten": wer nicht im Buch des Lebens steht: in den Feuersee geworfen
B 21,1-8 Neuer Himmel/neue Erde, das heilige Jerusalem steigt herab auf die Erde(!): Gott wohnt bei den Menschen
C 21,9-22,5 die „Heilige Stadt"; Gott ist ihr Tempel, das Lamm ihre Leuchte
   22,6-21 (Brieflicher) Rahmen: Warnung und Verheißung

8.3 Geschichte, Mythos, Psychodrama oder kerygmatische Zyklen?

Wie Teil I und IV zeigen, schreibt der Autor keinen zeitlosen Mythos, sondern geht aus von dem historischen Jesus, der als der Erhöhte seine irdische Gemeinde leitet und als das „Lamm" diese Welt in eine neue, ewig dauernde Existenz hinüberführen wird. So spricht er zunächst zu den konkreten „sieben Gemeinden" in ihrer geschichtlichen Situation. Doch zeigen die Siebenzahl und die Verknüpfung mit der Einleitungsvision (jeder Brief greift daraus ein Element auf und ist nach dem gleichen Schema aufgebaut), daß hier die Gesamtkirche gemeint ist, und zwar doch wohl „gesamt" nach Ort und Zeit (ohne anzudeuten, wie lange sie noch existieren wird); das ergibt sich aus der Bildsprache dieses prophetischen Buches.

Wovon aber handeln die Teile II und III? Man hat versucht, wie in Ex 7-10 und Dan 7-12, Einzelheiten mit zeitgeschichtlichen Vorgängen zu identifizieren: die „Plagen" würden dann Ereignisse andeuten, die dem Weltuntergang unmittelbar vorausgehen (also eine „Endgeschichte"), und für den Verfasser sei aufgrund einer zeitlichen Naherwartung die einsetzende Christenverfolgung der Anfang dieser „End"-Katastrophen. Die Erkenntnis einer (erneuten?) Parusieverzögerung habe dann die Leser zu anderen Deutungen genötigt.

Aber stimmt dieses Schema? Sollte die Verarbeitung eines „Aufschubs" der Wiederkunft schon bei Paulus angefangen, aber den „Johannes" der neunziger Jahre (vermutlich nicht der Apostel) immer noch nicht erreicht haben?[19] In den Hauptteilen ist nirgends von einer Zeitbestimmung die Rede (etwa „in den letzten Tagen"), und das „in Schnelligkeit" der Rahmenteile (1,1; 22,20) ist keine Zeitangabe, sondern bezeichnet das Drängende der Entscheidung.[20] Wie in den

---

[19] Zur Frag-würdigkeit der gängigen These einer frühchristlichen „Nah"-erwartung s.o. 1.3 und 6.1-3; ferner H. Giesen, Eschatologie II: NT, in: Görg-Lang, Neues Bibellexikon, Einsiedeln ab 1988. - Ferner vgl.o. Kap. 6, Anm. 1 und 4.

[20] Nicht „bald" (EÜ), sondern ‚rasch'. - Der Versuch, anhand von 1,19 das Buch aufzuteilen in Vergangenheit (1,9-20), Gegenwart (2,1-3,22) und Zukunft (4,1-22,5) scheitert schon daran, daß auch in den „Sendschreiben" von Vergangenheit und Zukunft sowie ab 4,1 auch von Vergangenheit und Gegenwart (etwa Kap. 12) die Rede ist. Das ‚ha eisin' (was - sie - sind) in 1,19 heißt so viel wie „was diese Dinge bedeuten" (vgl. 1,19 mit 1,20; 4,5; 5,6.8; 7,14; 11,4; 14,4f; 16,13f; 17,7-18; 19,8.10; 20,2.5.14; 21,22).

8. Offenbarung des Johannes 153

Sendschreiben die Zeit seit der Gemeindegründung im Blick ist, so wird in dem dann folgenden Text nirgends deutlich, daß der Verfasser von seiner Gegenwart her einen „Sprung" macht in eine später oder bald einsetzende oder vor kurzem begonnene „End"-periode der (christlichen!) Geschichte. Wenn man also von „Endzeit" reden will, dann kann dies doch nur die gesamte Zeit von Ostern bis zur Wiederkunft umfassen (vgl.o. 1.2).

❖Die Doppelszenerie - das Geschehen vor dem Thron im Himmel und die Ereignisse auf der Erde - kennzeichnet die andauernde Existenz der Welt, ihre gesamte Geschichte *vom Anfang bis zu ihrem Abschluß*, wann immer das sein wird. Darauf weist schon die Gottesbezeichnung (1,4 und 8; vgl. 21,6) hin: „Der ist und war und kommt" ist nicht im Sinne einer (griechisch gedachten) „Transzendenz" über Raum und Zeit zu verstehen, sondern meint im Sinne von Ex 3,14 den, der *für uns* „anwesend ist und war und kommt". Darum steht das Präsens an erster Stelle und heißt es am Schluß nicht „der kommen *wird*". Er ist der Gott unserer Geschichte, der darin am Werke *ist*, es immer *war* und der (immer mehr) *am Kommen ist* (Partizip Präsens; nicht, der *erst* oder *nur* am Ende der Geschichte kommen *wird*). Während die Evangelien das Leben Jesu erzählen, die Briefe auf aktuelle Probleme in der Gemeinde eingehen, bringt das Buch der Offenbarung einen Blick auf die (Heils-) Geschichte *als ganze*. Der „Blick in den Himmel" in 4,1 läßt den Seher einen *metageschichtlichen*[21] Standpunkt einnehmen. Von Kapitel 4 bis

---

[21] Also eine Sicht außerhalb oder jenseits der Ereignisse in der Zeit, aber doch auf sie bezogen, da sie ja deren innere Gesetzmäßigkeit erfaßt. – Das „meta tauta = danach" am Ende von 4,1 gehört zu dem folgenden Satz (ähnlich wie in 4,1a; 1,10; 7,1.9; 15,5; 18,1; 19,1); also nicht: „was *dann* geschehen muß" (EÜ), sondern: ‚Ich werde dir zeigen, was geschehen muß. *Danach* war ich im Geist ...' Es geht also um die innere Notwendigkeit der Geschehnisse, nicht um eine zeitliche Angabe. – Am Ende dieser Periode heißt es in 22,6 nicht, was ‚danach', sondern was *rasch, in Eile* geschehen *muß*. Vgl. die vorige Anmerkung.

22,5 ist also der Seher der Geschichte insofern enthoben, als er von einem göttlichen Standpunkt aus das Ganze überblickt, und zwar nicht in seinem historischen Nacheinander, sondern nach seiner inneren Gesetzmäßigkeit und göttlichen Notwendigkeit.

Es ist also abwegig, wenn man versucht, einzelne Szenen dieser Kapitel an bestimmten Ereignissen der Geschichte festzumachen. Dies wird zwar auch von anderen Kommentatoren vertreten, aber nicht von allen konsequent durchgehalten. So schreibt Otto Knoch einerseits, die Plagen seien „keine Beschreibungen von sicher eintretenden historischen Ereignissen, sondern ... bildhafte Verdichtungen geschichtsprägender Mächte" und seien „kein Fahrplan für das Kommende"; aber er fragt andererseits doch, ob sich für Johannes nicht in der Zerstörung Jerusalems und der Verfolgung durch Domitian „bereits das anzeigte, was in den Aussagen Jesu über das Endgeschehen vorausgesagt wurde" -, so daß nun doch „die letzte Phase der Geschichte angebrochen sei", die „Endphase des Kampfes".[22]

Doch wird damit nicht der Botschaft die Spitze genommen, da sie nun schließlich doch von der Endphase spräche? Sie will aber nicht die Neugier von Zukunftsforschern befriedigen, sondern will eine Aussage über die Gegenwart machen und somit den Leser hier und jetzt treffen. Das Buch „schildert nicht einen fortschreitenden Ablauf von Ereignissen, sondern es zeigt die beherrschenden Mächte der Geschichte".[23] Und diese sind ständig am Werk und betreffen jeden Menschen unmittelbar. Entsprechend dem Charakter der Bildsprache wird ihre Dynamik in Handlungsabläufen dargestellt; doch diese sind nicht mit irgendeinem vergangenen oder zukünftigen Ereignis in der Geschichte identisch,

---

[22] Knoch, Zukunftsängste, S. 332f und 330f; vgl.o. in diesem Kapitel, Anm. 17
[23] Klemens Stock, Das letzte Wort hat Gott. Apokalypse als Frohbotschaft, Tyrolia: Innsbruck 1992, S. 23. - Empfehlenswert.

8. Offenbarung des Johannes

sondern werden immer wieder neu in ihnen wirksam. Sie sind also eher den *Gleichnissen* als den „Berichten" der Evangelien vergleichbar.

Es ist immer aufgefallen, daß die Ereignisse in der Offb nicht linear dargestellt sind. So scheinen bereits vor 20,11, nämlich in 6,12-14; 7,14-17; 11,15-19 und 14,11 Motive von Weltuntergang und Vollendung auf, wird mehrmals von der Vernichtung Babylons gesprochen (14,8; 17,16 und 18,2) und wird dennoch erst danach das Volk Gottes aufgerufen, die Stadt zu verlassen (18,4); dem Jubel im Himmel (19,1-9: „König *geworden* ist der Herr") folgt noch einmal ein „Kampf" auf Erden, in dem zweimal alle „übrigen" Menschen getötet werden (19,21 und 20,9). Ist dies ein Hinweis darauf, daß der Verfasser mehrere „Apokalypsen" gesammelt hat? Dann hat er sie aber so ineinandergefügt, daß er in dieser Aufreihung keinen Widerspruch sah. Das heißt doch aber: er will von vornherein nicht einen geschichtlichen Ablauf zeichnen, sondern in immer neuen Bildern und „Kreisen" Grundgesetze menschlicher Existenz und Heilsgeschichte aufzeigen; wenn man will: nicht Enddramatik, sondern Grunddramatik, die freilich einmal zu einem Ende kommt, so daß verschiedene *Zyklen*, nach dem Prinzip der Steigerung, zu einer „Spirale" verbunden werden. Was als Aussagen über geschichtliche Abläufe widersprüchlich wäre, kann in der Bildsprache zur Deutung ihrer Grundkräfte ohne weiteres zusammenpassen.

Symbolisieren nicht die vier Reiter in 6,1-8, „Sieg, Krieg, Teuerung und Tod", Verhaltensweisen der Menschen zu *allen* Zeiten? Der Träger von Bogen und Kranz (6,2: „der Siegende") steht hier doch offensichtlich nicht für Christus, sondern allegorisch für den Wettstreit der Menschen untereinander, indem sie ihre Überlegenheit herauskehren und andere unterdrücken (Gen 3,16) und damit die Basis legen für Schwert = Krieg, Waage = Teuerung und schließlich für das Sterben. Und die „Seelen der Erschlagenen" (6,9), sind sie nicht die Gerechten *aller* Zeiten, eben jene, die von den

Ungerechten (= „den Bewohnern der Erde" 6,10) verfolgt werden? Dementsprechend dürften in 6,15, beim 6. Siegel, mit „den Königen ..., allen Sklaven und Freien" wiederum nur die Ungerechten gemeint sein (vgl. 13,16; 19,18), die vor „dem Blick dessen, der auf dem Thron sitzt und vor dem Zorn des Lammes" erschrecken. Der Zorn Gottes ist ja doch nicht ein Naturereignis, das über alle Menschen unterschiedslos hinwegbraust - auch wenn er durch ein solches dargestellt wird -, sondern ist, wie seine Gnade, immer persönlich. Fazit: Wir müssen nicht Ausschau halten, *wann* die „apokalyptischen Reiter" losbrechen; sie galoppieren von Anfang an durch die Geschichte, da sie ja das Verhalten der Menschen aller Zeiten darstellen.

Ist damit die Grundaussage formuliert, so wird sie in den Kapiteln 7-16 weiter entfaltet. Zunächst wird klargestellt, daß die Wirkungen des Zornes Gottes immer individuell sind, da sie nur die Ungerechten treffen. Denn die „Knechte Gottes" (7,3) werden durch das Siegel beschützt, so daß sie durch die Plagen, die von Gott ausgehen, „keinen Schaden" erleiden. Hier wird es überdeutlich, welchen Charakter diese Bildsprache hat. Sie will sagen: Gott handelt stets persönlich, er kennt die Seinen! Zwar werden sie von den Bösen bedrängt (vgl. 6,9-11; 11,2.7; 12,17; 16,6; 17,14; 18,4.20.24; 19,2; 20,4.9), aber sie werden nicht von den „Strafen Gottes" getroffen (8,6-9.19; 16,2-21; beachte 9,4; 11,5; 13,8; 14,9f). Sie erhalten also (durch das Siegel) im Ganzen des Buches einen persönlichen Schutzraum, wie die Israeliten vor den Plagen in Ägypten (Ex 8,18f; 9,4.14.26; 10,23; 11,7; 12,13).

Damit ist zugleich Analogie und Differenz zwischen den 6 Siegeln und den 2x7 Posaunen- und Schalenengeln aufgezeigt: die ersten vier Siegel decken auf, was im Menschen und zwischen den Menschen ist; Siegel 5 und 6 decken auf, was zwischen Gott und Menschheit ist; und dann wird der „Zorn" (6. Siegel) in den folgenden Siebenerreihen entfaltet in den Strafmaßnahmen Gottes gegenüber denen, die die Botschaft von der Erlösung zwar vernommen (ob „offenbar"

8. Offenbarung des Johannes

oder „anonym"), aber abgelehnt haben (vgl. 6,9.16; 7,3; 8,5; 9,4.20f; 11,1.5.10.13; 12,17; 13,4.7f.12-17; 14,9f; 15,8; 16!). Immer ist dabei vorausgesetzt, daß die Bösen Gott kennen, daß sie um ihre Sünde wissen und sich dennoch verweigern. Insofern denkt die Offb immer universal, von allen (ungerechten und gerechten) Menschen her, auch wenn sie letztere als „Zeugen Jesu" bezeichnet (17,6) und im Gefolge des „Lammes" sieht (14,1). Sie meint dann immer *alle* Gerechten. Kapitel 12-14 sind formal wieder ein großer „Einschub" in die Siebenerreihen (vgl. o. 8.2); sie bringen aber nicht etwa eine verkappte Weihnachts-„geschichte", sondern sagen in der (metageschichtlichen) Bildsprache, daß Jesus der Retter *aller* Menschen ist.

In konzentrischen Kreisen wird also der Mensch/die Menschheit (hier: der Leser des Buches) immer mehr an die Wurzel geführt, um schließlich in der unausweichlichen Erkenntnis der Ordnung Gottes eine letzte Chance der Umkehr zu erhalten. So wird im Verlauf der „Spirale" einerseits die Wahrheit Gottes immer deutlicher, wie andererseits die satanische Dreiheit (1. Drache/Schlange/Satan; 2. Tier = „Antilamm"; 3. „anderes Tier" = Pseudoprophet von 19,20) mehr und mehr entlarvt und entmachtet wird. Das steht hinter dem gewaltigen „Drama" der Weltgeschichte, das sich in der Menschheit als ganzer vollzieht, aber auch in jedem (widerstrebenden) Menschen, bis der unerlöste Kern, gleichsam der letzte Rest des Bösen, aufgedeckt ist (und so erlöst werden *kann*, wenn der Mensch sich darauf einläßt). Es ist nicht ein immanentes Psychodrama (s.u. 8.4), sondern Heilsdrama, ein Handeln Gottes am Menschen - in metageschichtlicher Bildsprache. Hinter dem Widerstand aber steht nicht nur die eigene böse Neigung des Menschen, sondern eine übermenschliche Macht, die nach ihm greift, der er aber nicht notwendig folgen muß.

Aber nicht nur aus dem Alten Testament (Ex, Ez, Dan), sondern auch aus der hellenistischen Geschichte nimmt der Verfasser *Material* auf, um die theologische Aussage zu verdeutlichen: aller Widerstand der Menschen gegen Gottes Liebe, ob durch politische und wirtschaftliche Machtausübung („Könige und Kaufleute") oder die Begehrlichkeit und Feigheit der „Völker" („Kleine und Große": 6,15; 13,16), muß schließlich scheitern an der Größe Gottes - sei es durch Umkehr der Menschen oder ihre endgültige Zurückweisung. Die Stadt auf den „sieben Bergen" in 17,9 mag eine Assoziation an Rom sein, aber das heißt nicht, daß der Verfasser die oder gar *diese* „politische" Macht mit dem „Tier" *gleichsetzt* (es „stirbt" nicht wie Menschen, s.o. 8.2). Darum ist es nicht notwendig, 17,9-17 als Glosse oder „Einschub" aus dem Buch auszuscheiden.[24]

Die Bedrängnisse durch den Bösen werden sich gewiß immer wieder auch in feindlichen Menschen konkretisieren, aber damit sind die Symbolgestalten dieses Buches nicht konkret gemeinte Personen; ebensowenig läßt sich die Macht des Bösen selbst in ihnen greifen oder ergreifen. Dies scheint doch der Sinn von Teil III zu sein: Nachdem mit dem in Kapitel 16 Geschilderten die für jeden einzelnen und ebenso für die Menschheit als ganze angebotene Gnadenfrist - „Plagen" sind hier eine Form der Gnade! - abgelaufen ist, setzt Gott einen Schlußpunkt. In Achtung ihrer Entscheidung läßt er die Verweigerer nun in ihrer Ablehnung; er verbannt den Widersacher selbst in den Feuersee (19,18; 20,4) und nach dem Endgericht auch alle, die jenem bis zum Schluß gefolgt sind.

Ein besonderes Problem stellen die 144 000 Gezeichneten dar. In 7,3-8 sind gewiß Menschen auf Erden gemeint, und zwar nach unserer Auffassung *alle* Gerechten während ihres Erdenlebens, die durch das Siegel „geschützt" werden. Die „große Menge" im Himmel dagegen (ab 7,9) ist nicht gleichzeitig zu denken, sondern ist ein Vorblick auf das Ende; es handelt sich also um dieselben (erlösten) Menschen.

---

[24] So etwa H.U. v. Balthasar in. „Ja, ich komme bald". Text zur Bamberger Apokalypse, Freiburg 1985, S. 133.

8. Offenbarung des Johannes

Auch in 14,1-5 dürften mit dieser Zahl *alle* Erlösten gemeint sein, nicht etwa eine Sondergruppe, die nie gesündigt hätte. Vielmehr sind *alle* „als (Erstlings-) Gabe *erkauft* worden" (14,4; vgl. 5,9). Auch sie „haben ihre Gewänder gereinigt" (22,14; vgl. 7,14) im Blut des Lammes und sind „von der Erde weggenommen", nämlich aus der Zahl der „Erdenbewohner", die ja „Sünder" sind. Und die „Jungfräulichkeit" ist ein Symbol dafür, daß sie Ihm *nun* ganz ergeben sind. Westliche Menschen drücken das lieber in abstrakter Sprache aus, Hebräer aber sagen es in Bildern.[25] Alle Versuche also, die Symbolgestalten dieses biblischen Buches mit geschichtlichen Machtträgern oder Menschengruppen damals oder heute zu identifizieren, sind ein Ausweichen vor der jeden Menschen betreffenden Botschaft, die keine andere ist als die der Propheten, des Paulus und Jesu selbst.

Auch die tausendjährige Fesselung des Drachens (20,1f) besagt deshalb nicht, daß es eine irdische Zeit geben werde, in der weder die Exponenten Satans (Tier und Pseudoprophet wären seit 19,20 bereits im Feuersee) noch dieser selbst in der Welt Einfluß hätten. Ebensowenig ist das tausendjährige Herrschen derer, „die das Standbild des Tieres nicht angebetet hatten", in einem bestimmten Zeitabschnitt der Geschichte zu denken - etwa der Kirche - oder als ein „Reich" zwischen Wiederkunft und Vollendung; es meint eine „Herrschaft mit Christus" (20,4) *in einem begrenzten Maße.* In beiden Fällen besagt die Zahl 1000, daß Gott alles in der Hand hat und daß er dem Bösen - auch schon innerhalb der Geschichte - *Grenzen setzt!* Es ist unsinnig, dies auf bestimmte, vielleicht sogar parallel laufende Zeiträume festlegen zu wollen, nach welchen den Gerechten die Herrschaft wieder genommen und dem Satan gegeben würde. Vielmehr steht diese symbolische Zahl zweimal dafür, daß es jeweils

---

[25] Trummer, P., Offenbarung in Bildern. Zur Bildersprache der Apokalypse, in: ders., Aufsätze zum Neuen Testament (Grazer Theologische Studien 12) Graz 1987.

um eine überschaubare, *von Gott begrenzte* Fesselung oder Machtausübung geht. Darum muß man stets wachsam sein (Mt 12,43-45). Im Ganzen des Buches ist damit ausgesagt, daß Gott dem Bösen nicht nur am Ende endgültige (Kap. 17-20,10), sondern auch innerhalb der Geschichte immer wieder relative Grenzen setzt.

Der positiven Reaktion der „übrigen" Menschen in 11,13 aber, die schließlich doch „Gott die Ehre geben", sollte man nicht „die unheilabwendende Reue" absprechen,[26] sondern sollte sie gerade im Kontrast zu 9,20f und 16,9.21 als Hinweis darauf werten, daß die pädagogischen Strafen nicht gänzlich ohne Erfolg bleiben, sondern wenigstens einige Menschen sich daraufhin bekehren. Was also in der Bildsprache auf verschiedene „Zyklen" verteilt ist, gehört doch der Sache nach wie ein „sowohl - als auch" zusammen. Die Offb zielt darum weniger darauf ab, Müde und Beladene zu stärken, sondern ist mehr ein Ruf in die Entscheidung, also eher ein „*Mahn-*" als ein „*Trostbuch*".

8.4. Das Gottesbild der Offenbarung des Johannes

Die Kategorie der Mahnung gibt auch die Rücksicht an, unter der das *Gottesbild* der Offb zu sehen ist. Man fragt ja: Ist das nicht ein grausamer Gott, der dem armen Menschen solche Plagen schickt? Eugen Drewermann[27] sucht das Problem dadurch zu lösen, daß er hier einen Prozeß im Seher selbst dargestellt findet. Nun ist gewiß richtig, daß hier „nicht in theologischen Reflexionsbegriffen" gesprochen wird; doch kann man sagen, daß in der Offb „mit Hilfe archetypischer Symbole aus dem Unbewußten" die (Heils-!) „Geschichte gedeutet" wird (550)? Soweit solche Kategorien

---

[26] Wie Müller es tut: Müller, U.B., Die Offenbarung des Johannes (Ökumenischer Taschenbuchkommentar zum NT 19), Gütersloh: Mohn; Würzburg: Echter 1984, hier: S. 216.

[27] Drewermann, E., Tiefenpsychologie und Exegese II, Olten 1985. Seitenangaben jeweils oben im Text.

die (unreflektierte) Aussageabsicht des Verfassers treffen, müssen jedenfalls auch sie als Instrument der Schriftinspiration verstanden werden, wie ja Gott alle seine Geschöpfe zum Ort seiner Offenbarung machen kann. Darum geht es nicht an, wenn Drewermann „den ‚Gott' der Offb" (also dieses Buches) „als eine Instanz der menschlichen Psyche interpretiert, deren rächende Gewalt am ehesten mit der Strenge des Über-Ichs in Verbindung zu setzen" sei und daß er andererseits „die Gestalt des Satans ... als Gegenkräfte des Über-Ichs" und somit als „Energien des Es" versteht (552). Ein Element göttlicher Offenbarung könnte dann bestenfalls noch darin liegen, daß der Seher im Durchstehen eines solchen Kampfes durch eine „bewußte Synthese und Integration der Seelenkräfte ... zur Ganzwerdung der Persönlichkeit" findet und somit ein falsches Gottesbild überwindet (558f).

Aber wird jenes „strenge" Gottesbild in Offb selbst überwunden? Auch nach der von Drwermann so interpretierten „Synthese" - etwa in der Gestalt des Engels (10,8f) oder der „Frau" (12,1f) (ebd. 558f) - schickt dieser selbe Gott Plagen auf die Sünder, und noch in den Schilderungen des Neuen Jerusalem werden die „Hunde" zweimal deutlich ausgegrenzt. Innerhalb dieses Buches selbst gibt es also sicher keine „Katharsis", nämlich jene Reinigung des Gottesbildes, die Drewermann nahelegt, wenn er davor warnt, „die Erscheinungen Gottes mit Gott selbst zu verwechseln" (552). Vielmehr bleibt Gott bis zum Schluß derjenige, der nicht nur die Guten belohnt, sondern auch die Bösen bestraft - wie überall im Alten und Neuen Testament.

Ist es also wahr, daß „wie ein Mensch schweren Schuldgefühlen gegenüber dem Bombardement seines Über-Ichs ausgesetzt ist", dasselbe „auch in der Geh. Offb. gilt: es ‚hagelt' Vorwürfe und flammende ‚Niederschläge' von oben herab, und ‚Gott' selber (erscheint) als der Inbegriff einer grausam strafenden Vater-Instanz" (553), die aber zu überwinden sei? Und ist das „Ich" des Menschen bei all dem wirklich „nur Zuschauer", der „dem Teufelskreis nicht entrinnen" könne (557)? Drewermann sagt ja: „Wenn in 9,21 die ‚Götzenanbeter' trotz all der über sie verhängten Qualen sich zu ‚Buße und Umkehr' außerstande zeigen, so wird man diesen Tatbestand nicht einfach als Ausdruck ihrer Böswilligkeit verstehen dürfen ... Um der Hölle der Gottesferne zu entrinnen, müßte Gott den Menschen anders erscheinen denn als Rächer und Vergelter" (557). Wo aber käme dann in der Offb das „wahre" Gottesbild zum Vorschein? Hat sich der Verfasser geirrt? Er setzt gerade voraus, daß die Menschen zur Umkehr „imstande" sind, aber wider besseres Wissen und Können *nicht wollen*. Das ist letztlich die Definition von Sünde. Daß es in konkreten Fällen psychologisch gesehen verschiedenste Einschränkungen und insofern „mildernde Umstände" gibt, ändert nichts daran, daß es den „harten Kern" des Widerstandes gegen Gott gibt. Sonst würde Sünde grundsätzlich geleugnet und die Freiheit des Menschen aufgelöst.

Ein Grundfehler Drewermanns liegt darin, daß er nicht deutlich unterscheidet zwischen dem Wüten der chaotischen Mächte und einer Pein, die von Gott ausgeht, zwischen (unechten) „Schuldgefühlen" und dem (echten) Vorwurf des Gewissens. Auch U.B. Müller[28] spricht davon, daß „das durch die 6. Posaune (!) ausgelöste dämonische (?) Geschehen" durch „das Wirken ‚des Tieres aus dem Abgrund' (11,7)" fortgesetzt werde. Aber Strafe Gottes und Verfolgung durch das gotteslästerliche Tier sind nicht dasselbe (vgl. nur 13,1), selbst wenn Gott den „Satan" (Ijob 1,12) und auch die Sünde von Menschen zur Läuterung anderer mitbenutzen mag (Joh 19,11; Phil 1,15-21). So ist auch Offb 17,17 zu unterscheiden von den Vernichtungsheeren, die Gott schickt und die ja die Gerechten verschonen!

Man muß also die Angriffe des „Tieres" auf die Knechte Gottes gut unterscheiden von den geordneten „Heeren

---

[28] Müller, vgl. o. Anm. 26, hier: S. 217.

Gottes", welche die „Erdenbewohner" (= Sünder) angreifen (vgl. 7,3; 9,3-5.14-19; 19,14) und darf darum auch nicht die „Freßgier der Heuschrecken" als „orale Unersättlichkeit" des Menschen oder gar des Sehers selbst deuten (Drewermann 554f). Es handelt sich hier um zwei grundverschiedene Arten von Bedrängnis, mit entgegengesetzter Absicht und Wirkung. Andernfalls würde sich Gott grundsätzlich im Mittel vergreifen, sobald er den unbußfertigen Sünder (und nur um den geht es hier) straft; und die Offb wäre aus dem Neuen Testament zu streichen, denn sie revidiert dieses Bild bis zum Schluß nicht. Aber auch lange Passagen der Propheten, Lk 19,27 oder Röm 1.3.9 und vieles andere stünden zur Debatte.

Paulus fragt ausdrücklich: „Ist etwa Gott ungerecht dadurch, daß er den *Zorn* anbringt? Wie denn könnte Gott die Welt *richten* (wenn er nicht strafen könnte)? Wenn nämlich Gottes Wahrheit in meiner Lüge übergeflossen wäre in *seinen Glanz,* warum werde gerade ich noch als Sünder verurteilt?" (Röm 3,6f)[29] Vielmehr muß seine Wahrheit an meiner Sünde sich als gegensätzlich (eben als Zorn) erweisen, damit das Gute als gut und das Böse als böse sichtbar wird. Wir kommen nicht daran vorbei: Die „Plagen" in der Offb *gehen vom Thron aus* und es ist der Zorn *Gottes,* der aus *goldenen* Schalen von *seinen Engeln* ausgegossen wird. Wir gehen darum wohl nicht fehl, den Zorn Gottes die „letzte Waffe seiner Liebe" zu nennen. „Zorn" als solcher ist also etwas Positives, hier: die Kraft und Macht Gottes, den Bösen zurückzuweisen und ihn nicht über die Guten siegen zu lassen.

„Wer etwas hinzufügt ... oder davon wegnimmt, hat keinen Anteil am Baum des Lebens" (22,18f); nicht ohne Absicht wird diese Ermahnung an den Schluß dieses Buches gesetzt. Zu leicht sind wir Menschen in der Gefahr, uns an dem Ernst der Entscheidung vorbeizudrücken. Und wenn die Evange-

---

[29] Zu dieser Übersetzung und ihrer Deutung s. N. BAUMERT, Täglich sterben und auferstehen (StANT 34), München 1973, 302-309.

lien „barmherziger" erscheinen, so spricht doch auch die Offb deutlich genug davon, daß im Blut des Lammes jede Sünde reingewaschen werden kann (22,14). Aber sie unterstreicht, daß derjenige, der diese Erlösung nicht annimmt, an Gott selber zerbrechen wird (vgl. Lk 2,34; Mt 21,43). Mag man die Strafen letztlich als Scheitern der Sünder deuten, die im Kontrast zu Gott ihre eigene Bosheit und deren Folgen erfahren, also letztlich sich selbst strafen, so erfahren sie diese Frustration doch an der „Unerbittlichkeit" Gottes, an der sie gleichsam abprallen. Er läßt sich durch die Angreifer selbst nicht zerstören und schützt damit zugleich die Guten vor den Bösen. Der Schrei um Hilfe gegen den ungerechten Bedränger, der durch die Geschichte gellt, wird nicht in Ewigkeit fortdauern.

Die Frage: „Wie kann Gott glücklich sein, wenn es einen einzigen Menschen in der Hölle gibt?" scheint zwar fromm, ist aber eine Versuchung, Gott in unsere Vorstellungen zu pressen. Die Bibel gibt vom ersten bis zum letzten Buch keine andere Antwort als: „Seid wachsam". Sie mahnt damit, den Ernst der Situation zu erfassen und sich nicht einzureden: „Gott tut es ja doch nicht". Und die Verkünder des Evangeliums sind der Gemeinde diese Botschaft schuldig (Ez 3,16-21; 33,1-9). In Offb 6,16 steht das so schwer verständliche Wort vom „Zorn des Lammes" und heißt es in 14,10 von den Verdammten, daß sie „gequält werden im Angesicht der heiligen Engel und des Lammes". Ignatius v. L. läßt am Ende der Ersten Exerzitienwoche den Beter nach der „Betrachtung über die Hölle" vor das Kreuz Christi treten und mit dem Gekreuzigten Zwiesprache halten. Nur dort, vor dem „geschlachteten Lamm" empfängt der Mensch die Kraft, dem verführerischen Sog der Verweigerung zu widerstehen, und vermag er die Wahrheit über die reale Möglichkeit einer Verdammung demütig als Hilfe anzunehmen.

Wieviel bedeutet doch die ewige Gemeinschaft mit Gott, daß der Schöpfer es sich so viel kosten läßt und er den Geschöpfen so viel Leiden zumutet, um ihre Freiheit nicht

8. Offenbarung des Johannes

anzutasten und sie doch zu ihrem Heil zu führen. Und wie hartnäckig ist der Widerstand des Menschen, daß die erlösende Liebe Gottes zu solch drastischen Mitteln greifen muß! Auf die Frage, ob es viele sind, die verloren gehen, gibt Jesus nicht die gewünschte Antwort, sondern läßt die Frage nach der Zahl letztlich offen (Lk 13,23f). So dürfen auch wir nicht meinen, wir „wüßten es nun doch", daß letztlich kein Mensch verworfen wird, sondern müssen vor dem Geheimnis dessen stehenbleiben, der seine Todesqualen auch angesichts der Hölle - und das heißt trotz endgültiger Verweigerung einiger seiner Geschöpfe - aushält, um auch ihnen für immer zu zeigen, daß er sie liebt.

EIN NEUER HIMMEL
UND EINE NEUE ERDE
Offb 20,11-22

Der Seher nimmt uns mit in seine Vision von der Vollendung. Nach der Berufungsvision und den 7 Sendschreiben an die sieben Gemeinden (1,1-3,22), die dort symbolisch für die gesamte Kirche aller Zeiten standen, hatte das 4. Kapitel begonnen: „Danach sah ich: Eine Tür war geöffnet am Himmel. Ein Thron stand im Himmel; auf dem Thron saß einer, der wie ein Jaspis und Karneol aussah ..." Der Seher kann seine Herrlichkeit nicht beschreiben. Das Lamm und die Fackeln vor dem Thron (4,5; 5,6) - Symbole für den Sohn und den Heiligen Geist - sind für uns Menschen vorstellbar, der Vater aber bleibt in Licht gehüllt, was der Seher nur mit dem Hinweis umschreiben kann: Es ist „jemand", „einer", der „leuchtet wie" ein kostbarer Edelstein. Er selbst aber ist über alles Vorstellen und Begreifen.

Vor dem Thron spielte sich dann das die ganze Heilsgeschichte deutende „Drama" ab; denn 6,1-20,10 beschreiben nicht etwa die letzte Phase, sondern die Grundgestalt der ganzen Weltgeschichte (vgl. o. 8.3), in der Gott immer wieder um die Bekehrung der Menschen ringt.

a) Das letzte Gericht - Offenbarung der Würde des Menschen. In Offb 20,11 aber ist der Schlußpunkt gesetzt. Und hier sieht der Seher zum zweiten Mal „den, der auf dem Thron sitzt", während er sonst immer nur von dem Geschehen „*vor* dem Thron" sprach. Nun „fliehen vor seinem Angesicht Erde und Himmel, und es gibt keinen Platz mehr für sie". Damit deutet der Verfasser an, daß er nun das Ende der Geschichte „sieht" und den Beginn jener Welt, die jenseits unserer Gestalt von Raum und Zeit liegt. Die Toten werden herausgerufen aus ihren Gräbern - die einen zum Leben mit Gott, die anderen zu einem endgültigen „zweiten Tod".

Hinter den letzten Worten, die vielleicht manchem Schwierigkeiten machen, steht die objektive Aussage: Gott vergewaltigt keinen Menschen zur Gemeinschaft mit ihm; wer bis zum Schluß im „Nein" verharrt, wird von Gott nicht in den Himmel gezwungen. Dies ist auch die Botschaft der Evangelien (Mk 9,47f). Auf die Frage, ob es viele sind, die verloren gehen, gibt Jesus nicht etwa zur Antwort, schließlich würden doch alle gerettet werden, sondern er bleibt dabei stehen: *Viele* sind *auf dem Wege* ins Verderben; darum seid wachsam und vertraut auf mich (Lk 13,23-30; Mt 7,22f). So gibt es auf die Frage nach der Hölle nicht eine allgemeine, sondern immer nur eine persönliche Antwort. Nicht ob andere Menschen sich Gott verweigern, wird mir erklärt, sondern wie ich selbst diesen „zweiten Tod" vermeiden kann, indem ich Gott anerkenne, ihm die Ehre gebe und seine rettende Hand ergreife. Ihn darf ich nicht verharmlosen, sondern muß ihn ernst nehmen (vgl. Gal 6,7), so wie er mich ernst nimmt. Und wenn er mir heute die Gnade zu einer Bekehrung/ Begegnung schenkt, dann kann und muß ich mich hier und jetzt entscheiden, für jetzt und später.

b) Jenseitsvertröstung oder Diesseitsethik?

Mancher mag nun bei sich denken: Ist das nicht doch wieder die Drohung mit dem Jüngsten Gericht, mit der die Kirche lange Zeit die Menschen eingeschüchtert hat? Und ist der Ausblick auf den Himmel nicht eine Jenseitsvertröstung, die wir in der Theologie der letzten Jahrzehnte gerade überwunden haben? Das Reich Gottes ist doch schon mitten unter uns; also leben wir bereits jetzt in der Gemeinschaft mit Gott. Und ist nicht außerdem der Blick auf das Ende ein Ausweichen vor den Anforderungen, die das Leben hier und jetzt an uns stellt? Der Himmel scheint ein billiger Trost, wenn man die Not so vieler Menschen sieht; sie brauchen *jetzt* Hilfe, nicht danach.

Aber die Aussicht auf eine größere Vollendung beeinträchtigt nicht die jetzige Lebensqualität, sondern gibt ihr eine noch größere Bedeutung. Es ist auch nicht so, als ob Gott, weil er uns eine vollkommene Zukunft verheißt, sich jetzt deshalb weniger um uns kümmert. Im Gegenteil, er geht jedem nach wie der gute Hirte. Zugleich fordert er uns auf, daß wir unsererseits alles tun, was uns möglich ist, um uns für Gerechtigkeit und Frieden in dieser Welt einzusetzen. Aber was gibt uns die Kraft zu einem selbstlosen Einsatz in dieser Welt? Was gibt uns den Mut, im Bemühen nicht nachzulassen, wenn wir sehen, daß wir es nicht schaffen und daß Unrecht und Not augenscheinlich immer noch größer werden? Ist dann nicht die Aussicht, daß Gott letztlich alle Ungerechtigkeit beseitigen wird, eine zusätzliche Triebkraft? Wir dürfen „mittun" mit seinem Heilswirken.

Die Verheißung einer künftigen Vollendung ist somit ein Zeichen der Liebe Gottes, besonders für jene, die in dieser Welt zu kurz gekommen sind. Gott hält für alle, die ihn annehmen, ein Glück bereit, das weit über unsere Vorstellungen hinausgeht. Wenn er „alle Tränen von unseren Augen abwischt und wenn keine Klage mehr sein wird" (21,4), dann gibt es eine Erlösung und Verklärung aller Schmerzen dieses Lebens, auch jener, welche innerhalb dieser Welt keine Sinndeutung gefunden haben. Dann wird diese Erde nicht mehr sein, und Gott wird nicht nur die Schmerzen wegnehmen, sondern wird alles, was er hier mit uns begonnen hat, viel tiefer vollenden, als die Anfänge vermuten lassen. Wir werden bis zum Grund erkennen, daß alles Gute Geschenk ist und war - auch alles Gute, das *wir* hier tun durften.

Es gibt also nicht die Alternative: entweder gegenwärtiges Heil oder künftige Vollendung, sondern: je klarer uns die Vollendung vor Augen steht, um so mehr spornt uns das an, jetzt schon ganz in Gottes Willen zu leben; und je deutlicher wir jetzt schon sein Heil erfahren, um so größer wird die Sehnsucht nach der jenseitigen Vollendung. Beides wächst also gleichzeitig. „Wer hat, dem wird noch gegeben ..." (Mt 25,29).

Damit wird die Angst vor dem Tod mehr und mehr abgebaut; zugleich wird alle Trauer um unsere Verstorbenen in eine tiefe Hoffnung verwandelt. Daß Gott dann „jeden nach seinen Werken richtet" (20,12), bedeutet für die, welche seine Rettung annehmen, daß er jede Bitte um Vergebung erhört, alles Gute anerkennt und sich dem einzelnen Menschen so in Liebe zuneigt, wie es dessen Wesen entspricht, einmalig und persönlich.

c) „Eine neue Erde"

Eines ist auffällig: Die „neue Stadt" wird nicht im Himmel sein, sondern auf der „neuen Erde" (21,1-3). Das bringt alle unsere Vorstellungen durcheinander. Während wir die Rede gewohnt sind, daß wir am Ende „in den Himmel kommen", steigt hier die himmlische Stadt auf die (neue) Erde herab. Beides sind Vorstellungsmodelle, und keines kann die Wirklichkeit ganz fassen. Aber die Offb will damit betonen, daß wir uns die ewige Gemeinschaft mit Gott ganz „menschlich" vorstellen können, und gerade darum ist sie auch ganz göttlich.

Auf einmal werden alle Bilder dieses Kapitels lebendig. Zwar wird auf der neuen Erde alles verändert und verwandelt sein - sie ist gleichsam als ganze „auferstanden und verklärt" -, aber dieses Neue wird doch dem entsprechen, was zugleich zu Gott und zu uns Menschen paßt: Die Stadt glänzt nun ähnlich wie er, „der auf dem Thron sitzt", nämlich „wie ein kristallklarer Jaspis" (21,11); „die Straße ist aus reinem Gold, wie aus klarem Glas"; das „Wasser des Lebens", das durch die Stadt fließt, „geht vom Thron Gottes und des Lammes aus"; die Leuchte der Stadt ist das Lamm, das also überall zu sehen sein wird; und der erhabene Thron Gottes, der zunächst „im Himmel" zu sehen war, wird nun „auf der neuen Erde" sein, mitten in der Stadt der Menschen. Gott nimmt uns zu sich in seine Wohnung, indem er uns eine Wohnung bereitet und selber dort mit einzieht.

Daß dies nicht räumlich-wörtlich zu nehmen ist, wird jeder einsehen. Aber verstehen wir diese Bildsprache in der Tiefe? Begreifen wir, was Gott uns sagen will? Es wird eine Freude sein, die alles übersteigt, was wir uns ausmalen können, und sie wird doch ganz menschlich sein. Gott wird uns so vertraut sein, weil er uns ganz umgewandelt und mit seinen Geist durchdrungen hat. Dazu braucht es freilich das Tor des Todes, weil nur jenseits davon Auferstehung möglich ist; eine Botschaft, die uns froh macht.

„Der Geist und die Braut sagen: Komm! Wer hört, der rufe: Komm!" (22,17). - „Er aber, der dies bezeugt, spricht: Ja, ich komme rasch" (22,20). Und wir haben neu verstanden: Das ist keine Ankündigung des Termins des Jüngsten Tages, sondern seines Kommens mitten in unserem Leben, immer wieder, ähnlich wie in 3,18-20.

Literaturhinweise

a) Quellen:
Kapitel 1 erschien zunächst als Text des Theologischen Ausschusses der CE (vgl.o. S.4) und ist auch gesondert zu erhalten beim Sekretariat der CE, Marienstr. 80, 76137 Karlsruhe; 0721/378787.
Kapitel 2 ist ursrünglich ein Vortrag von Hans Gasper, vgl. ebd. Anm. 1.
Kapitel 7 wurde erstmals veröffentlicht: N. Baumert, Maranatha - Gegenwart und Ankunft des Herrn. Zur Adventsfrömmigkeit, in: Geist und Leben 58 (1985) Heft 6, S. 445-454.
Kapitel 8 erstmals: N. Baumert, Ein Ruf zur Entscheidung. Aufbau und Botschaft der Offenbarung des Johannes, in: Degenhardt, J.J. (Hrsg.), Die Freude an Gott - unsere Kraft (FS Otto Knoch), Stuttgart: Verlag Katholisches Bibelwerk 1991, S. 197-210 (hier leicht verändert).
Die übrigen Beiträge von N. Baumert (ebenfalls leicht verändert) erschienen zunächst in: Rundbrief für charismatische Erneuerung in der katholischen Kirche. Kommunikationsdienst, Fam. Ritter, Innstr. 16, 94032 Passau, und zwar:
Kap. 3: Heft 4/92, S.22; 1/93, S.22; 2/93, S.10; 3/93, S.18.
Kap. 4: Heft 2/93, S.4-8; (zu 4.4. s. oben im Text)
Kap. 5: Heft 3/90, S.11-15; 3/94, S. 24-27.
Kap. 6: Heft 3/89, S.4-8.
Kap. 9: Heft 4/92, S. 8-11.

b) „Theologische Orientierungen", verfaßt vom Theologischen Ausschuß der Charismatischen Erneuerung (CE):
- „Der Geist macht lebendig". Charismatische Erneuerung in der katholischen Kirche in Deutschland. (Grundinformation über die CE; vgl.o. 5.2, Anm. 1).
- Zur Praxis der Marienfrömmigkeit (vgl.o. 5.4.f).
- Zu auffallenden körperlichen Phänomenen im Zusammenhang mit geistlichen Vorgängen (vgl.o.2 Anm. 1).
- Endzeitfieber oder Sehnsucht nach dem Herrn? (vgl.o. Kap.1).

Alle Texte als Sonderdrucke erhältlich beim Sekretariat der CE, Marienstr. 80, 76137 Karlsruhe. Tel. 0721/378787. Ebenso beim Kommunikationsdienst in Passau (s.o. unter a).
Dort auch weitere Informationen.

c) Man beachte die Literaturverweise in den Anmerkungen auf S. 17, 94, 97, 107, 124, 127 f., 133–138, 143, 147, 154, 159 f.

d) Bücher zur Spiritualität der Charismatischen Erneuerung: Im gleichen Verlag, Reihe „Aufbruch des Geistes" (X Bände) ?

e) Reihe „CE-Praxishilfen:

CE-Praxishilfe 1: Sr. Nancy Kellar - Sr. Justin Wirth, Gemeinschaft im Glauben. Kleingruppen, Zellgruppen, Hauskreise - Warum und wie? Münsterschwarzach 1993.

CE-Praxishilfe 2: Initiative Teeniearbeit, Teeniearbeit. Anregungen und praktische Hilfen für Gruppenleiterinnen und -leiter. Münsterschwarzach 1994.